Oswald Huber

Das psychologische Experiment: Eine Einführung

Mit achtundvierzig Cartoons aus der Feder des Autors

2. ergänzte und korrigierte Auflage

Verlag Hans Huber
Bern · Göttingen · Toronto · Seattle

Die Deutsche Bibliothek – CIP – Einheitsaufnahme

Huber, Oswald:
Das psychologische Experiment: eine Einführung / Oswald Huber. Mit achtundvierzig Cartoons aus der Feder des Autors. – 2. erg. und korrigierte Aufl. – Bern; Göttingen; Toronto; Seattle: Huber, 1995
(Aus dem Programm Huber: Psychologie-Lehrbuch)
ISBN 3-456-82652-4

2. ergänzte und korrigierte Auflage 1995

Gesamtherstellung: Lang Druck AG, Bern/Liebefeld
Printed in Switzerland

Vorwort

Mehrere Freunde und Kollegen haben das Manuskript probegelesen und mir so geholfen, es zu verbessern: Helmut Gachowetz, Wolfgang Klimesch, Anton Kühberger, Emil Lischer und Meinrad Perrez. Edgar Morscher hat diese Mühe sogar mehrmals auf sich genommen. Ihnen allen danke ich herzlich.
Danken möchte ich auch Peter Stehlin vom Verlag Hans Huber: Er hat dieses Buch von seinen ersten Anfängen an begleitet, er war auch bei der endgültigen Auswahl der Cartoons ein sehr hilfreicher Partner.

Oswald Huber

Vorwort zur 2. Auflage

Die zweite Auflage unterscheidet sich nicht allzusehr von der ersten. Dies liegt einmal daran, daß sich das generelle Konzept des Buches als elementare Einführung bewährt hat, was sich unter anderem daran zeigt, daß es erfreulicherweise in zahlreichen einschlägigen Lehrveranstaltungen als Basisliteratur verwendet wird. Gerade deswegen sollte zum anderen der Preis nur unmerklich erhöht werden, was die Versuchung, den Umfang auszuweiten, erfolgreich bremste. Lediglich ein kleines Kapitel über die Rolle des Computers im Experiment habe ich eingefügt. Mehrere Leser und Leserinnen haben mich auf Druckfehler und Ungenauigkeiten aufmerksam gemacht, Ihnen allen danke ich herzlich.

Fribourg, im Sommer 1995 Oswald Huber

Einleitung

In diesem Buch geht es um Methoden zum Prüfen von Hypothesen, oder einfacher ausgedrückt: um Werkzeuge, mit deren Hilfe wir feststellen können, ob eine Behauptung (z.B.: Fernsehen macht aggressiv) als falsch verworfen werden muß, oder als (vorläufig) wahr akzeptiert werden kann.
Unter den Methoden zur Hypothesenprüfung nimmt das Experiment eine zentrale Stellung ein.
Mit dem Buch verfolge ich das Ziel, die Leser mit den Grundlagen der experimentellen Methode vertraut zu machen.
Viele der behandelten Aspekte sind aber nicht nur für das Experiment bedeutsam, sondern auch für die anderen empirischen Methoden, so z.B. die Formulierung einer Instruktion, oder die Kontrolle von Störvariablen.

Das Buch ist für Studierende der Psychologie in den allerersten Semestern geschrieben. Es setzt aber keinerlei spezielle psychologische Fachkenntnisse voraus. Daher ist es auch für Interessierte anderer Fachrichtungen als Einführung geeignet.

Ich möchte mit diesem Buch einen *ersten Einstieg* in die Experimentalpsychologie bieten. Ich konzentriere mich daher auf die wichtigsten Aspekte und Probleme des Experimentierens und versuche, diese so einfach und klar darzustellen, wie es mir möglich ist.
Von dieser Konzeption als erster Einstieg für Studienanfänger her ist klar, daß das Buch notwendigerweise unvollständig und selektiv sein muß. Manches muß hier auch vereinfacht dargestellt werden, was dann in späteren Semestern vertieft werden sollte. Meiner Erfahrung nach können aber Studierende in den ersten Semestern mit einer (unvollständigen und gelegentlich vereinfachenden) elementaren Einleitung wesentlich mehr anfangen als mit einem enzyklopädischen Handbuch. Dies scheint insbesondere dann zu gelten, wenn das Thema – bei den meisten Studienanfängern wenigstens – zunächst nicht gerade Begeisterungsstürme auslöst.

Den Stoff des Buches kann man erfahrungsgemäß in einer Vorlesung zu zwei Wochenstunden in einem Semester (ca. 14 Veranstaltungen) mit den Hörern gut durcharbeiten. Dabei ist vorausgesetzt, daß der Stoff der Statistik unabhängig von dieser Vorlesung erarbeitet wird.

Das Buch kann in drei große Inhaltsbereiche gegliedert werden:
Zunächst wird die Experimentalpsychologie in den generellen Rahmen der Formulierung und Prüfung von wissenschaftlichen Hypothesen eingebettet (Kapitel 1–3).

Dann (Kapitel 3–4) werden die experimentelle Methodik und die dabei auftretenden Probleme ausführlich behandelt. Ich habe mich bemüht, hier nicht nur einen theoretischen Überblick zu vermitteln, sondern auch immer wieder Hinweise und Tips aus der Praxis des Experimentierens eingebaut.
Der letzte Teil (Kapitel 5–9) bringt eine Erweiterung der Grundlagen (Versuchspläne mit mehr als zwei Gruppen, Stellungs- und Carry-over-Effekte, Effekte aus der sozialen Situation eines Experimentes (z.B. Versuchsleitereffekte), Quasi-Experimente, ethische Probleme).
Ich habe mit diesem Aufbau in der Lehre bisher sehr gute Erfahrungen gesammelt und kann nur hoffen, daß sich die Konzeption auch in Buchform bewährt.

Inhalt

Kapitel 1: Psychologie als Wissenschaft

1.1 Alltagspsychologie und wissenschaftliche Psychologie

Damit wir im täglichen Leben bestehen können, benötigen wir eine Unmenge von Wissen aus den verschiedensten Sachbereichen. Ein Kind muß in den ersten Jahren seines Lebens u.a. lernen, daß Gegenstände auf den Boden fallen, wenn man sie aus der Hand läßt, daß ein Vogel fliegen kann, ein Dackel dagegen nicht, daß Menschen oder Gegenstände kleiner erscheinen, wenn man sich von ihnen wegbewegt, usw. All dies Wissen erarbeitet sich das Kind, ohne je Physik, Optik, etc. zu studieren. Vieles erfährt es auch von andern Menschen, die aber – wenigstens in den allermeisten Fällen – ebenfalls kein Studium absolviert haben. In ähnlicher Weise lernt das Kind auch psychologische Gesetzmäßigkeiten, z.B. daß fast immer in relativ kurzer Zeit die Mutter oder der Vater kommt, wenn es laut genug weint, daß sich andere Kinder oft zur Wehr setzen, wenn man versucht, ihnen ihr Spielzeug wegzunehmen, daß der Vater unwirsch reagiert, wenn er beim Fernsehen gestört wird, daß man Angst

bekommt, wenn man in fremder Umgebung alleine sein muß, usw. Auch Erwachsene benutzen ein derartiges alltagspsychologisches Wissen im Umgang mit anderen Menschen und auch mit sich selbst. Wir verfügen also alle über eine Alltagspsychologie, Alltagsphysik, Alltagsbiologie, Alltagsastronomie, Alltagsmedizin, usw., ohne diese Fächer wissenschaftlich studiert zu haben.

Ist unter diesen Umständen die wissenschaftliche Psychologie und ihr Studium nicht völlig überflüssig?
Dagegen spricht vor allem, daß alltagspsychologisches Wissen ein Eintopf aus Richtigem und Falschem, Vorurteilen, unbewiesenen Annahmen, (selten) aktuellen und (meist) längst überholten wissenschaftlichen Theorien, etc. ist. Oft enthält es auch Widersprüche, die aber gar nicht weiter auffallen (z.B.: Gleich und gleich gesellt sich gern - Gegensätze ziehen sich an). Im Unterschied zur wissenschaftlichen Psychologie wird nämlich das Wissen der Alltagspsychologie normalerweise *nicht* mit geeigneten Methoden daraufhin kritisch überprüft, ob es wahr oder falsch ist. Alltagspsychologische Behauptungen werden in der Regel überhaupt nicht hinterfragt. Geschieht es dennoch, dann üblicherweise mit untauglichen Methoden. So ist eine im Alltag beliebte Methode, eine Behauptung zu «begründen», die Berufung auf eine (natürlich möglichst anerkannte) Autorität: Professor X.Y., «die Wissenschaftler», etc. Ich werde im Kapitel 2.3 wenigstens die wichtigsten dieser untauglichen Methoden behandeln (und kritisieren).

Weil in der Alltagspsychologie die Behauptungen nicht systematisch und methodisch kontrolliert auf ihre Richtigkeit hin geprüft werden, enthält sie einen wesentlich größeren Anteil an falschen Behauptungen als die wissenschaftliche Psychologie.
Hier nur einige Beispiele, die ich persönlich gehört oder gelesen habe. Sie sind sicher in der Lage, diese Beispiele aus ihrer eigenen Erfahrung zu ergänzen:

* Türken sind faul.
* Wer Alkohol gewohnt ist, der fährt auch mit 1,5 Promille genau so gut und sicher Auto wie ohne Alkohol.
* Frauen sind technisch weniger begabt als Männer.
* Ein paar Ohrfeigen haben noch keinem Kind geschadet.
* Menschen, die im Sternbild des Stieres geboren sind, sind stur.
* Ein männlicher Säugling, bei dem die Augenbrauen zusammengewachsen sind, wird einmal ein Taugenichts.
* Arbeitsgruppen leisten unter allen Bedingungen mehr als Einzelarbeiter.

Es gibt auch wissenschaftliche Untersuchungen, die sich mit alltagspsychologischen Annahmen beschäftigen. So fanden z.B. Secord, Dukes and Bevan (1959) heraus, daß Männer mit grober Haut als aggressiver eingeschätzt werden als solche mit glatter. Thommen (1985) erforscht die alltagspsychologischen Theorien von Lehrern, die sie in ihrem Schulalltag anwenden.

Es sei betont, daß keineswegs *alles* Wissen der Alltagspsychologie falsch ist. Das Problem liegt vielmehr darin, daß sie keine geeigneten Methoden (Werkzeuge) hat, um – wenigstens annäherungsweise – richtige von falschen Annahmen und Behauptungen trennen zu können. Der wesentliche Unterschied zwischen Alltags- und wissenschaftlicher Psychologie besteht darin, daß die wissenschaftliche Psychologie sich laufend bemüht, die Wahrheit oder Falschheit ihrer Behauptungen methodisch kontrolliert zu überprüfen. *Methodisch kontrolliert* meint, daß man Kenntnisse aus den verschiedensten Wissensbereichen anwendet, um Fehler und Irrtümer bei dieser kritischen Überprüfung zu vermeiden. Wir werden uns mit dem Problem der methodisch kontrollierten Überprüfung in den folgenden Kapiteln ausführlich auseinandersetzen.

Wir sollten uns noch kurz überlegen, wieso uns falsche alltagspsychologische Annahmen, Vorurteile, etc. in unserem täglichen Leben meistens gar nicht auffallen. Dies ist nämlich auch wichtig für die methodisch kontrollierte Überprüfung in der wissenschaftlichen Psychologie.

Ich sehe vier *Haupt*gründe:

(1) Auch wenn ich mein Handeln (oder meine Vorhersage) auf einer falschen Annahme aufbaue, kann das gewünschte (oder vorhergesagte) Ergebnis ohne mein Zutun trotzdem eintreten, weil ich Glück oder Pech (o.ä.) habe.

Herr K. hat die alltagspsychologische Theorie, daß man bei ausreichender Gewöhnung an Alkohol auch noch mit mehr als zwei Promille sicher fahren kann. Am vergangenen Mittwoch fuhr er nach dem Genuß von sechs großen Pils mit den dazugehörigen Schnäpsen mit dem Auto vom Stammtisch nach Hause, *ohne* auch nur in den kleinsten Unfall verwickelt zu werden. Herr K. sieht das als weitere Bestätigung seiner Theorie. In Wirklichkeit hat er nur Glück gehabt, daß er in keine kritische Verkehrssituation geraten ist.

Es ist aber auch durchaus möglich, daß das Ereignis ohnehin eintritt, unabhängig von meinem Handeln. Ein Beispiel ist der Medizinmann eines Stammes, der mit einem bestimmten Ritual jeden Morgen dafür sorgen mußte, daß die Sonne aufging. Solange der Medizinmann jeden Morgen sein Ritual vollzieht, bestätigt der Sonnenaufgang für alle Beteiligten die Annahme, daß der Medizinmann dafür verantwortlich ist.

(2) Alltagspsychologische Annahmen (auch falsche) beeinflussen unser Handeln. Durch unser Handeln können wir aber u.U. das erwartete Ergebnis herbeiführen, auch wenn diese alltagspsychologische Annahme falsch ist.

Ein Elternpaar hat z.B. die falsche alltagspsychologische Hypothese, daß Mädchen technisch weniger begabt sind als Knaben. Aus diesem Grund versorgen sie ihre Tochter auch hauptsächlich mit typischem Mädchenspielzeug: Puppen, Puppenküche, etc. Spielzeug, welches das technische Verständnis fördert (z.B. technische Baukästen), bieten sie nicht an. Beschäftigt sich das Mädchen dennoch gelegentlich mit technischen Dingen, machen sie abwertende Bemerkungen («Das verstehst Du doch nicht», «Das ist doch nichts für ein Mädchen», etc). Damit – und durch noch andere Verhaltensweisen – erreichen die Eltern im Lauf der Zeit (und ohne das speziell geplant zu haben), daß das Mädchen sein Interesse an technischen Dingen tatsächlich verliert, und sich ihr sehr wohl vorhandenes technisches Verständnis nicht weiterentwickelt. Für die Eltern ist aber dann ihr Mangel an technischem Verständnis wieder ein weiterer Beweis für ihre Alltagstheorie, daß dies eine spezifische Eigenschaft von Frauen ist.

(3) Was wir wahrnehmen und erinnern, ist oft von unseren Wünschen, Erwartungen, etc. beeinflußt und verzerrt. Dies kann z.B. dazu führen, daß eine falsche alltagspsychologische Annahme nicht als solche erkannt wird.

Herr S. ist davon überzeugt, daß Leute, die im Sternbild der Zwillinge geboren sind, neugierig sind. Nun kann man aber sehr viele menschliche

Verhaltensweisen als mehr oder weniger neugierig interpretieren: fernsehen, lesen, tratschen, etc. Es kann durchaus sein, daß Herr S. ein-und-dieselbe Verhaltensweise anders wahrnimmt und interpretiert, je nachdem, ob die handelnde Person Zwilling ist oder nicht. Was ihm bei einem Zwilling als typisch neugierig erscheint, fällt ihm vielleicht bei einem Löwen gar nicht auf. Es findet also bereits auf der Ebene der Wahrnehmung eine Verzerrung zugunsten der Erwartung statt. Tatsächlich läßt sich zeigen, daß derartige Verzerrungen ungemein wirksam sind und uns helfen, unsere Vorurteile beizubehalten, solange es irgendwie geht. Aber auch das Gedächtnis spielt mit: Wir tendieren z.B. dazu, uns an die Fälle, welche unserer Erwartung entsprechen (also in unserem Beispiel: neugierige Zwillinge) gut zu erinnern, während wir solche, bei denen derartige Erwartungen nicht erfüllt werden, eher vergessen. Auch das bewahrt uns davor, unsere Annahmen ändern zu müssen.

(4) Bei der Anwendung alltagspsychologischen Wissens ist es oft schlicht irrelevant, ob das Wissen richtig oder falsch oder auch widersprüchlich ist. Wir verwenden es häufig nur dazu, um uns bestimmte Vorgänge *nachträglich* zu erklären. Dabei genügt es uns, wenn wir eine plausible (Schein-)Erklärung finden. Ob sie auch stimmt, ist nebensächlich. Ein ganz einfaches Beispiel: Frau X. erklärt sich die Tatsache, daß Fräulein G. (Akademikerin) und Herr D. (ungelernter Hilfsarbeiter) geheiratet haben, damit, daß sich Gegensätze eben anziehen. Sie hat damit eine subjektiv befriedigende Erklärung gefunden. Ob diese Alltagstheorie über die Gründe, warum Menschen einander anziehend finden, stimmt, ist irrelevant. Ihre wichtigste Funktion ist, daß Frau X das Ereignis nun in ihr Weltbild einordnen kann.

Die wissenschaftliche Psychologie bemüht sich systematisch, herauszufinden, ob ihre Behauptungen wahr sind oder falsch. Bei dieser kritischen Überprüfung versucht sie, die vorher besprochenen (und auch noch andere) Fehlerquellen zu neutralisieren. Wie wir gesehen haben, ist das nicht einfach, denn die Falschheit einer Behauptung muß gar nicht so ohne weiteres auffallen. Die wissenschaftliche Psychologie entwickelt daher gezielt Strategien, welche es ermöglichen, auch falsche Behauptungen als solche zu entlarven.

Diese methodisch kontrollierte kritische Überprüfung ist der vermutlich wichtigste Unterschied zwischen der wissenschaftlichen und der Alltagspsychologie. Da die letztere zum Thema «Prüfung von Behauptungen» kaum etwas beizutragen hat (außer schlechten Beispielen), werde ich ab nun unter dem Begriff *Psychologie* stets die wissenschaftliche Psychologie verstehen.

1.2 Sammlung von Tatsachenwissen – Erforschung von Gesetzmäßigkeiten

Auf einem sehr allgemeinen Niveau kann man zwei globale Ziele der wissenschaftlichen Forschung unterscheiden: Die Sammlung von Tatsachenwissen und die Erforschung von Gesetzmäßigkeiten.

Das Ziel der **Sammlung von Tatsachenwissen** ist die reine Beschreibung dessen, was (zu einem bestimmten Zeitpunkt oder in einem bestimmten Zeitraum) bei einer bestimmten Person, einer bestimmten Gruppe, etc., der Fall ist. Sie sucht eine Antwort auf Fragen der Art: *Was ereignet sich?*, *Was ist der Fall?*, *Welche Eigenschaften hat X.Y.?*, *Haben alle Individuen der Gruppe K die Eigenschaft A?*, etc.

«Klassische» Sammlungen von Tatsachenwissen bilden medizinische oder auch klinisch-psychologische Einzelfallstudien, d.h. die Beschreibung von relevanten Symptomen, Eigenschaften, Verhaltensweisen, bedeutsamen Aspekten der persönlichen Geschichte, etc. eines ganz bestimmten Patienten. Die Sammlung von Tatsachenwissen gibt es aber auch in den Wissenschaften, deren Gegenstandsbereich leblose Objekte sind. So gehören zum gesammelten Wissen der Astronomie detaillierte Beschreibungen von einzelnen Himmelskörpern (z.B. Umlaufbahn, Größe, Zusammensetzung, Entfernung von anderen Himmelskörpern, etc.).

Die **Erforschung von Gesetzmäßigkeiten** hat als Ziel, ein Phänomen in ein (mehr oder weniger komplexes) System von psychologischen Gesetzmäßigkeiten einzubetten. Damit wird es auch möglich, vorherzusagen, was (unter bestimmten Voraussetzungen) geschehen wird. Sie versucht eine Antwort auf Fragen der Art zu geben: *Wieso ist das und das geschehen?*, *Weshalb ereignet es sich?*, *Warum tut X.Y. das?*, *Was muß ich tun, damit das Ziel X erreicht wird?*, *Wie wird sich X.Y. in der Situation S verhalten?*, usw.

Eine Beschreibung eines Einzelfalles im Rahmen des Tatsachenwissens würde also z.B. genau auflisten, ob und wie im Detail sich Frau A. in einem bestimmten Zeitabschnitt aggressiv verhält. Die Erforschung von Gesetzmäßigkeiten hat dagegen das Ziel, allgemeine Gesetzmäßigkeiten herauszufinden, unter welchen Bedingungen sich Menschen aggressiv verhalten oder nicht. Eine derartige Gesetzmäßigkeit könnte z.B. lauten: Wenn ein Mensch A beobachtet, daß sich ein anderer Mensch B in einer bestimmten Situation (z.B. bei einer Reklamation im Kaufhaus) aggressiv verhält, dann erhöht sich die Wahrscheinlichkeit, daß sich der Mensch A ebenfalls aggressiv verhält. Die Beobachtung eines aggressiven Modelles wäre also (eine) Ursache für aggressives Verhalten.

Gesetzmäßigkeiten werden zunächst in Form von Vermutungen formuliert. Derartige Vermutungen werden als **Hypothesen** bezeichnet. Eine Hypothese aufzustellen ist ein wichtiger Schritt im Forschungsprozeß. Er kann jedoch nur ein Anfang sein, denn es muß ja erst noch kritisch überprüft werden, ob die Vermutung zutrifft, ob also die Hypothese wahr ist oder falsch. Ich werde in Abschnitt 1.5 einen ersten Überblick darüber geben, wie psychologische Hypothesen geprüft werden.

Die Sammlung von Tatsachenwissen (z.B. in Form von guten Beschreibungen von Einzelfällen) ist für die Psychologie – wie für die anderen empirischen Wissenschaften auch – eine wichtige und notwendige Grundlage für die Entwicklung von Hypothesen und Theorien. Das eigentliche Ziel einer Wissenschaft aber sind allgemeine Gesetzmäßigkeiten. So ist es sicher wichtig, möglichst detaillierte Beschreibungen von einzelnen Verkehrsunfällen zu sammeln. Das allein bringt uns aber nicht weiter, weder bei der Theorienbildung, noch bei der praktischen Unfallverhütung. Was eigentlich interessant und auch für die praktische Arbeit notwendig ist, sind allgemeine Gesetzmäßigkeiten über die Ursachen, die zu Verkehrsunfällen führen.

Auf zwei Aspekte möchte ich im Zusammenhang mit der Sammlung von Tatsachenwissen nachdrücklich hinweisen:

(1) Aus dem Tatsachenwissen (z.B. einer Sammlung von Einzelfallbeschreibungen) ergibt sich keineswegs quasi «von selbst» eine Hypothese oder eine Theorie. Dazu ist ein expliziter Akt der Hypothesenbildung notwendig. Damit die Hypothese aber brauchbar wird, muß sie erst noch kritisch überprüft werden.

(2) Auch die Beschreibung eines Einzelfalles kann nie vollständig sein, und – im Zusammenhang damit – nie voraussetzungslos. Diesen Aspekt werde ich in den folgenden Abschnitten – besonders in Abschnitt 1.4 – behandeln.

1.3 Variablen

Sowohl Beschreibungen im Rahmen des Tatsachenwissens als auch Hypothesen über Gesetzmäßigkeiten enthalten *Variablen* als wesentliche Bestandteile.
Die Bezeichnung **Variable** hat sich in der Psychologie eingebürgert für beliebige Merkmale oder Eigenschaften eines Menschen, Lebewesens, Objektes, Systems, etc. Die oben formulierte Hypothese über eine der möglichen Ursachen für aggressives Verhalten enthält beispielsweise die folgenden Variablen: Beobachtung bzw. Nichtbeobachtung eines aggressiven Modells, die Wahrscheinlichkeit für das Auftreten von aggressivem Verhalten.

Eine Variable hat *mindestens* zwei Abstufungen. Bei einem konkreten Menschen z. B. ist aber (in einem bestimmten Zeitabschnitt) jeweils nur eine Ausprägung vorhanden: Ein Mensch hat Angst vor Spinnen oder nicht, er ist weiblichen oder männlichen Geschlechtes, zeigt einem Autofahrer den Vogel oder nicht, kennt die Grundregeln des Schachspieles oder nicht, usw. Eine Variable mit nur zwei Abstufungen wird häufig auch *qualitative* Variable genannt. Eine Variable kann aber auch mehr als zwei, ja sehr viele Abstufungen haben: Ein Mensch erlebt z.B. eine (oder mehrere) der Emotionen: Freude, Trauer, Angst, Scham, Neugierde, etc. Jede dieser Emotionen kann verschieden stark vorhanden sein (von gar nicht bis extrem stark, mit allen Zwischenstufen). Da auch sehr viele Kombinationen möglich sind (z.B. Angst gemeinsam mit Neugierde), kann die Variable *momentaner emotionaler Zustand* sehr viele Ausprägungen haben. Ein Mensch kann bei einem bestimmten Intelligenztest einen Intelligenzquotienten zwischen z.B. 70 und 145 erreichen, d.h. die Variable *mit dem XY-Test gemessene Intelligenz zur Zeit t* nimmt einen der Werte an: 70, 71, 72,..., 143, 144, 145. Die subjektive Wahrscheinlichkeit dafür, daß es außerirdische intelligente Lebewesen gibt, kann sehr groß, groß, mittel, klein oder sehr klein sein, usw. Variablen mit vielen Abstufungen bezeichnet man oft als *quantitative* Variablen. Weitere Unterscheidungen kann man im Zusammenhang mit dem Skalenniveau treffen, auf dem eine quantitative Variable meßbar ist (vgl. 4.2.4). Variablen mit sehr vielen Abstufungen kann man dabei stets auf weniger Stufen reduzieren. Man muß aber bedenken, daß dabei Information verloren geht. Anstatt z.B. das Alter eines Menschen in Jahren und Monaten genau anzugeben, kann man natürlich lediglich die beiden Kategorien *jung* und *alt* verwenden. Dabei entstehen allerdings Probleme, auf die ich im Kapitel über Messen etwas genauer eingehen werde.

Variablen können vergleichsweise einfache Merkmale sein, wie z.B. das Alter, das Geschlecht, usw., aber auch höchst komplexe Konfigurationen, wie z.B. politische Einstellungen, die sozialen Bezüge, in die ein In-

dividuum eingebettet ist, Wissenskomplexe, die nonverbalen Signale, die ein Individuum zu einer bestimmten Zeit aussendet (Gesichtsausdruck, Parasprache, Gestik, Körperhaltung, etc.), usw. Nur am Rande sei bemerkt, daß sich eine Variable bei ein-und-demselben Individuum, Objekt, etc. natürlich im Lauf der Zeit ändern kann.
Variablen können mehr oder weniger beobachtungsnah sein. Man kann auch sagen, Variablen können mehr oder weniger abstrakt bzw. konkret sein. Die Variable *Suppeneinnahme* mit den Stufen *ißt Suppe* und *ißt nicht Suppe* ist ziemlich konkret und beobachtungsnah. Es ist vergleichsweise einfach, beobachtbare Phänomene zu finden, welche es erlauben, zu einer bestimmten Zeit zu entscheiden, welche Stufe dieser Variablen bei Fräulein O. vorliegt, d.h., ob Fräulein O. Suppe ißt oder nicht. Die Variable *Intelligenz* dagegen ist relativ beobachtungsfern. Es ist schon wesentlich schwieriger, Übereinstimmung darüber zu erzielen, welche beobachtbaren Phänomene z.B. auf eine eher hohe Intelligenz hinweisen.
Variablen, die in wissenschaftlichen Hypothesen und Theorien auftreten, sind meistens abstrakt und beobachtungsfern. Daher ist ihre Operationalisierung ein wesentlicher Schritt in der Hypothesenprüfung, d.h. die Zuordnung von beobachtbaren Phänomenen zu diesen Variablen stellt ein wichtiges und oft auch schwieriges Problem dar (vgl. Kapitel 4.2).

Tatsachenwissen liefert Information darüber, welche Stufe bei bestimmten Variablen zu einer bestimmten Zeit vorliegt. Bei der Erforschung von Gesetzmäßigkeiten werden gesetzmäßige Beziehungen zwischen Variablen (z.B. Ursache-Wirkung) untersucht.

1.4 Notwendigkeit der Variablenselektion

Jede wissenschaftliche (und auch nichtwissenschaftliche) Auseinandersetzung mit dem Menschen oder ähnlich komplexen Lebewesen, Objekten, etc., zwingt dazu, aus den praktisch unendlich vielen Variablen, die zur Beschreibung möglich sind, einige herauszugreifen (zu selegieren), sich auf diese zu konzentrieren und die anderen zu vernachlässigen.

Wie ungeheuer groß die Menge der Variablen ist, die man zur Beschreibung eines Menschen heranziehen könnte, kann man sich relativ einfach klarmachen: Sammeln Sie einige Minuten lang alle Variablen, mit denen man Sie ganz persönlich, so wie Sie jetzt sind, möglichst vollständig beschreiben könnte. Im Kasten auf der nächsten Seite habe ich einige *Typen* von derartigen Variablen mit Beispielen zusammengestellt. Ich behaupte keineswegs, daß diese Liste von Variablen auch nur annähernd vollständig ist.

Einige Variablentypen zur Beschreibung von Menschen

Äußerlichkeiten

Schuhgröße
Haarfarbe
Form der Nasenlöcher
...

Soziale Bezüge

Sohn/Tochter, Mutter/Vater, Neffe/Nichte,
Urururururururururururenkel/enkelin, etc. von ...
persönlich bekannt mit ...
nicht persönlich bekannt mit ...
befreundet mit..., nicht befreundet mit ...
Zeitgenosse von ..., nicht Zeitgenosse von ...
Nachbar von ..., nicht Nachbar von ...
Vorgesetzte/r von ...
...

Persönlichkeitseigenschaften

Intelligenz
Neurotizismus
Hilfsbereitschaft
...

Ziele/Wünsche/Präferenzen

beruflich, musikalisch, etc.
...

Physiologische Variablen

Blutdruck
Größe der Leber
...

Persönliche Geschichte

wichtige Kindheitserlebnisse
wesentliche Begegnungen mit Menschen
wie sah das Schwimmbad/See/etc. aus, in dem Schwimmen gelernt wurde, wie roch es dort, etc.
...

Wissen

grammatikalische Regeln in Deutsch (und anderen Sprachen)
Ortskenntnis
gelesene Bücher, gesehene Filme, etc.
Schulwissen in verschiedensten Fächern
Fußballergebnisse
Kochkenntnisse
...

Man sieht an diesem einfachen Beispiel, daß es müßig ist, eine vollständige Beschreibung anstreben zu wollen, da die Zahl der prinzipiell in Frage kommenden Variablen so ungeheuer groß ist. Man muß daher auf jeden Fall einige Variablen auswählen, die man für relevant hält, und den irrelevanten Rest vernachlässigen. Dies gilt sowohl für die Sammlung von Tatsachenwissen als auch für die Erforschung von Gesetzmäßigkeiten. Welche Variablen wichtig und welche unwichtig sind, hängt von dem entsprechenden Forschungskontext ab. Ist man z.B. an den Ursachen für aggressives Verhalten interessiert, wird man andere Variablen berücksichtigen, als wenn man die Gesetzmäßigkeiten der optischen Wahrnehmung erforscht. Die Zahl der möglichen Variablen wird umso größer, je beobachtungsnäher diese Variablen sind. Daher werden auch bei der Sammlung von Tatsachenwissen - soweit möglich - übergeordnete abstraktere Variablen verwendet. Ein Gutachten enthält z.B. nicht die genaue Beschreibung der Reaktionen eines Individuums auf jede einzelne Testaufgabe, sondern lediglich die zusammengefaßten Gesamtergebnisse.

Allerdings - und das kann man nicht nachdrücklich genug betonen - gibt es keine objektive Instanz, die dem Forscher die Entscheidung darüber abnimmt, ob eine Variable bedeutsam ist oder nicht. Diese Entscheidung ist bereits eine - vergleichsweise einfache - Hypothese, auch wenn dies dem Wissenschaftler unter Umständen gar nicht bewußt wird. Auch solche Hypothesen müssen geprüft werden und können sich als falsch erweisen.

Wissenschaft besteht also *auch* darin, die für eine bestimmte Fragestellung bedeutsamen Variablen zu entdecken. Daß diese Suche keineswegs trivial und einfach ist, möchte ich an einigen Beispielen von Theorien zur Depression illustrieren.
Für unsere Zwecke genügt es, eine Depression als eine Störung zu definieren, die durch eine gedrückte, niedergeschlagene Stimmung gekennzeichnet ist, verbunden mit Veränderungen im kognitiven (z.B. negative Erwartungen, Unentschlossenheit), motivationalen (Verlust an Motiva-

tion, Wertlosigkeit) und vegetativ-körperlichen Bereich (z.B.Schlafstörungen, Appetitlosigkeit).

Das Phänomen der Depression hat die Wissenschaft schon lange interessiert. Welche Variablen wurden nun mit ihr in Verbindung gebracht?
Hippokrates (406–377) führt die Depression auf das Überwiegen eines der vier Körpersäfte (Blut, Schleim, Gelbe und Schwarze Galle) zurück, nämlich auf das der Schwarzen Galle (daher auch die Bezeichnung *Melancholie*).
Nach Theorien aus dem Mittelalter sind Depressive vom Teufel oder von Dämonen besessen. Andere Theorien dieser Zeit erklären Depression als göttliche Strafe für die Sünde des Müßigganges.
In seinem im 17. Jahrhundert veröffentlichten medizinischen Lehrbuch berichtet Höping über charakteristische Handlinien, die er bei Selbstmördern beobachtet hat (Höping, 1689, 1979).
Astrologen aus verschiedenen Jahrhunderten bringen depressive Symptome in Zusammenhang mit der Stellung der Gestirne, Planeten und anderer Himmelskörper zum Zeitpunkt der Geburt.
Keine dieser Variablen spielt in psychologischen Depressionstheorien der Gegenwart noch eine Rolle. Ich kann und will hier natürlich keinen

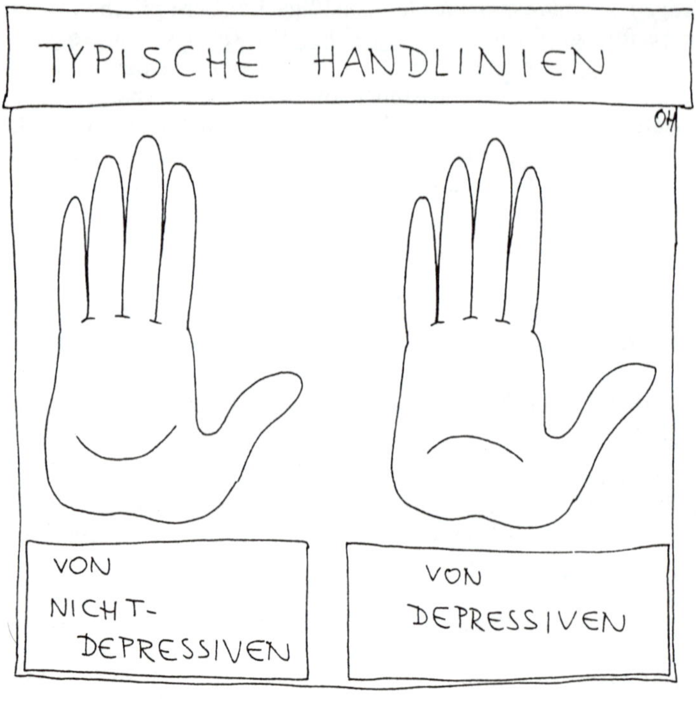

Überblick über die gegenwärtig vertretenen Theorien zur Depression geben, sondern nur einige Variablen als Beispiele herausgreifen. Eine kritische Zusammenstellung von Depressionstheorien finden Sie z.B. bei Davison & Neale (1984).

Die Psychoanalytische Theorie bringt *unter anderem* Variablen aus der frühen Kindheit mit dem Auftreten der Depression in Verbindung. Das Potential zur Depression entsteht nach Freud dadurch, daß die Bedürfnisse des Kindes in der *oralen Phase* zu wenig oder zu viel befriedigt werden. In dieser Theorie ist die orale Phase die erste Phase der psychosexuellen Entwicklung. Sie erstreckt sich von der Geburt bis ins zweite Lebensjahr hinein. In dieser Phase wird die sexuelle Triebbefriedigung durch die Reizung der Mundschleimhaut (saugen, beißen, etc.) erreicht.

Die Theorie von Beck betrachtet Denkprozesse als ursächliche Variablen für die Entstehung der Depression. Depressive Menschen sind deswegen depressiv, weil sie ganz typische Denkfehler begehen. Sie tendieren dazu, alle unangenehmen Ereignisse (z.B. eine Autopanne) in Richtung von Selbstvorwürfen, Selbstherabsetzung, Katastrophen oder Ähnlichem zu verzerren.

In seiner Theorie der gelernten Hilflosigkeit geht Seligmann davon aus, daß auf eine belastende Situation (z.B. Tod eines geliebten Menschen) zunächst mit Angst reagiert wird. Anstelle der Angst tritt aber die Depression, wenn der Mensch zur Überzeugung kommt, daß er keine Kontrollmöglichkeiten (d.h. angemessene Reaktionsweisen) über die negative Situation hat.

Andere Theorien der Gegenwart greifen physiologische Variablen zur Erklärung der Depression heraus. So scheint es bei bestimmten Formen der Depression eine genetische Komponente zu geben. Andere Theorien stellen eine Verbindung zwischen Depression und Neurotransmittern her. Neurotransmitter sind chemische Substanzen, die für die Übertragung eines Nervenimpulses von einer Nervenzelle zur anderen wichtig sind. Nach einer dieser Theorien ist Depression durch einen niedrigen Noradrenalinspiegel verursacht, nach der anderen durch einen niedrigen Serotoninspiegel.

Diese Beispiele genügen wohl, um die Vielfalt der Variablen zu illustrieren, die zur Erklärung ein-und-desselben Phänomens herangezogen wurden und werden. Ich hoffe, daß damit auch die große Bedeutung klar geworden ist, die der Selektion von Variablen im Wissenschaftsprozeß zukommt.

1.5 Die Prüfung von Hypothesen: Ein Überblick

Eine Hypothese ist – wie wir oben festgestellt haben – eine Vermutung über eine Gesetzmäßigkeit. Oder anders formuliert: Eine Hypothese ist eine vermutete Antwort auf eine bestimmte Frage (vgl. 1.2).

Damit festgestellt werden kann, ob die Hypothese zutrifft oder nicht, muß sie mit geeigneten wissenschaftlichen Methoden überprüft werden.

Die Grundidee der empirischen Prüfung ist die, daß man aus der Hypothese eine empirische Vorhersage formuliert, und diese mit der Wirklichkeit vergleicht.
Wenn die Wirklichkeit mit der Vorhersage übereinstimmt, dann gilt die Hypothese als bestätigt, wenn sie nicht übereinstimmt, ist die Hypothese falsifiziert.

Nehmen wir an, wir hätten die in Abschnitt 1.2 angesprochene Gesetzmäßigkeit als Hypothese aufgestellt:

Wenn ein Mensch A beobachtet, daß sich ein anderer Mensch B in einer bestimmten Situation aggressiv verhält, dann erhöht sich die Wahrscheinlichkeit, daß sich der Mensch A in der gleichen Situation ebenfalls aggressiv verhält.

Wir würden eine empirische Untersuchung planen, z.B. folgende: Wir beobachten Menschen im Wirtshaus *Zum blauen Anker.* Nehmen wir an, wir könnten den Wirt überreden, daß er die Suppe zu kalt servieren läßt. Dann wird sich vermutlich ein Teil der Gäste spontan aggressiv über die zu kalte Suppe beschweren. Ein Gast, der in dieser Weise spontan aggressiv reagiert, ist ein Modell für die anderen.
Auf der Basis unserer Hypothese könnten wir nun die folgende empirische Vorhersage machen:

Die Gäste im Wirtshaus *Zum blauen Anker*, die ein aggressives Modell beobachten können, reagieren auf die zu kalte Suppe häufiger aggressiv als diejenigen Gäste, die kein aggressives Modell beobachten können.

Wir würden dann im Lauf einer Woche (vorausgesetzt, der Wirt spielt mit) registrieren, welche Gäste ein aggressives Modell beobachten konnten, und welche nicht, und wie diese Gäste auf die zu kalte Suppe reagieren: aggressiv oder nicht.
Nehmen wir an, von den 53 Gästen, die ein aggressives Modell beobachten konnten, reagierten 20 aggressiv (ca. 38 %), von den 138, die kein aggressives Modell hatten, sind es 28 (ca. 20 %).

Vergleichen wir diese empirische Beobachtung mit unserer empirischen Vorhersage, so sehen wir, daß die Beobachtung durchaus mit der empirischen Vorhersage übereinstimmt.
Wir könnten daher als Ergebnis unserer Hypothesenprüfung feststellen, daß die Hypothese bestätigt wurde.

Dies ist – freilich sehr vereinfacht – das Prinzip der empirischen Hypothesenprüfung.
Der Unterschied zwischen einem Experiment und einer der nicht-experimentellen Methoden zur Hypothesenprüfung besteht darin, daß der Forscher bei einem Experiment aktiv in das Geschehen eingreift. Bei der

obigen Untersuchung würde er im Rahmen eines Experimentes ganz gezielt aggressive Modelle einführen (z.B. Mitarbeiter), und nicht passiv darauf warten, bis sich ein Gast spontan aggressiv beschwert.

Wie Sie sehen werden, ist das Experiment eine sehr effektive Methode zur Prüfung von Hypothesen.
Bevor wir aber auf das Experiment im Detail eingehen, müssen wir uns genauer mit den Hypothesen und der Hypothesenprüfung auseinandersetzen. Dies ist der Inhalt von Kapitel 2.

Kapitel 2: Hypothesen

2.1 Was ist eine Hypothese?

Die psychologische Forschung versucht, Antworten auf Fragen zu finden, z.B.:

Ist Intelligenz angeboren?
Ist Therapie X bei einer bestimmten Störung wirksamer als Therapie Y?
Warum können sich manche Schulabgänger nicht entscheiden, welchen Beruf sie ergreifen sollen?
Wovon hängt es ab, ob ein Mensch ein Exemplar des anderen Geschlechtes als attraktiv empfindet oder nicht?
Unter welchen Bedingungen sind Menschen aggressiv?
Ab wann sind Kinder in der Lage, das Konzept der Wahrscheinlichkeit zu verstehen?
Wie denken Dreißigjährige über den Tod?
Über welche spezifische Körpersprache verfügen die Vorarlberger?

Eine **Hypothese** ist eine **vermutete Antwort** auf eine solche Frage.
So könnte man z.B. als *eine* mögliche Antwort auf die Frage nach den Bedingungen der Aggressivität die folgende Hypothese formulieren:

Hypothese 1:

Wenn eine Person A beobachtet, daß sich eine andere Person B (Modell) in einer bestimmten Situation S aggressiv verhält, dann erhöht sich die Wahrscheinlichkeit, daß sich die Person A in der Situation S ebenfalls aggressiv verhält (Lernen am Modell, Nachahmungslernen). Diese Wahrscheinlichkeit ist noch abhängig von Variablen (Merkmalen) der Situation und des Modelles (Person A hält Person B für sehr kompetent, A hat großen Respekt vor B, etc.).

Ein Beispiel: Der achtjährige Peter hat einen vierzehnjährigen Bruder, den er über alles bewundert. Die Familie hat einen Hund gekauft. Der äl-

tere Bruder verprügelt den Hund, wenn er ungehorsam ist. Damit erhöht sich die Wahrscheinlichkeit, daß Peter den Hund ebenfalls verprügelt, wenn er (der Hund) nicht gehorcht.

Etwas präziser formuliert ist eine Hypothese eine beliebige Aussage, die man *provisorisch* für bestimmte Zwecke als wahr annimmt, auch wenn man nicht oder zumindestens nicht genau weiß, ob sie wirklich wahr ist oder nicht. Der Zweck dieser vorläufigen Annahme kann z.B. eine Vorhersage im Rahmen einer wissenschaftlichen Hypothesenprüfung sein. Eine **Theorie** wird häufig als System von Hypothesen aufgefaßt, auch wenn diese Auffassung nicht adäquat ist. Genaueres zu Hypothesen und Theorien findet man z.B. in Speck (1980).

Hier sind einige weitere Beispiele für Hypothesen im Rahmen der Psychologie:

Hypothese 2:

Alle Kinder bis zum siebten Lebensjahr zeichnen Menschen als sogenannte *Kopf-Füßler*, d.h. Beine und Arme sind direkt am Kopf angesetzt, der Rumpf fehlt.

Hypothese 3:

Menschen sind weniger bereit, ein persönliches Opfer zugunsten der Allgemeinheit zu bringen, wenn sie meinen, ihr Beitrag sei für den Erfolg nur von geringer Bedeutung.

Beispiel: Frau Müller ist eine überzeugte Anhängerin der Umweltschutzbewegung. Sie ist jedoch nicht bereit, auf ihr Auto zu verzichten, weil sie meint, daß *ein* Auto mehr oder weniger bei dem herrschenden Massenverkehr ohnehin keinen Unterschied ausmacht.

Hypothese 4:

Zwischen der objektiven Höhe eines Geldbetrages G und dem subjektiven Wert W dieses objektiven Geldbetrages besteht folgende Beziehung:
$W = a \times G^b$

a und b in dieser Gleichung sind Konstanten, die von dem jeweiligen Menschen abhängen. Der Exponent b ist dabei normalerweise kleiner als 1, z.B. 0.5.

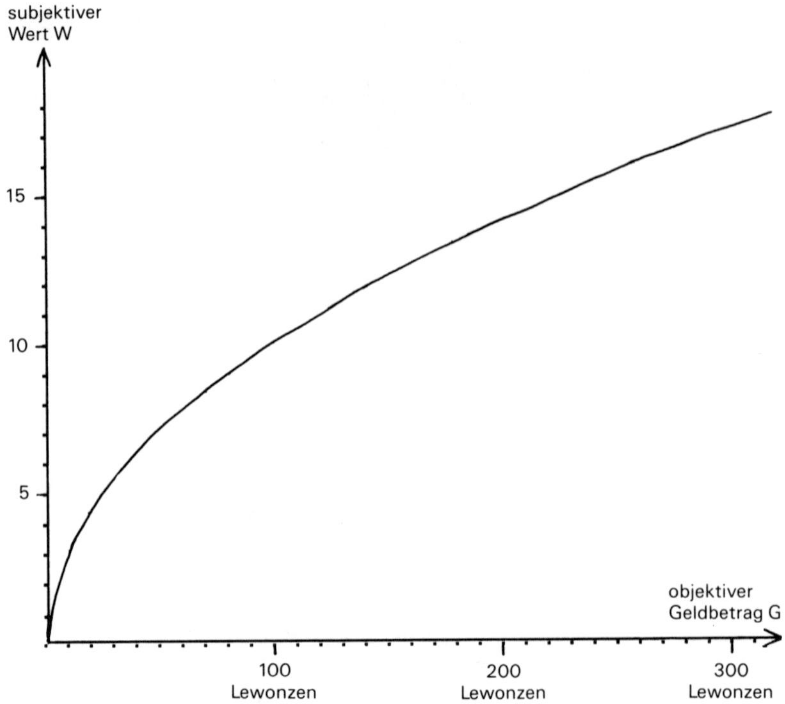

Abbildung 1: Gesetzmäßige Beziehung zwischen dem *objektiven Geldbetrag* G und dem *sugjektiven Wert* W dieses Geldbetrages: $W = 1 \times G^{0.5}$.

Eine derartige Hypothese enthält sehr viel Information. Sie sagt hier ja für jeden beliebigen Geldbetrag den subjektiven Wert voraus. In *Abbildung 1* ist diese Beziehung als Kurve dargestellt (mit a=1 und b=0.5). Wie Sie der Kurve entnehmen können, ist z.B. die Differenz der subjektiven Werte von 200 und 100 Lewonzen nicht einmal halb so groß wie die zwischen 100 und 0 Lewonzen, obwohl die Differenz der objektiven Geldbeträge gleich groß ist.

Hypothese 5:

Lernmotivation und Schulerfolg hängen zusammen (korrellieren).

Bitte beachten Sie, daß die Hypothese nicht behauptet, eines sei die Ursache des anderen.

Hypothese 6:

Mehr als fünfzig Prozent aller Menschen sind Rechtsfüßer.

So wie die allermeisten Menschen eine dominante Hand haben (bei 88 bis 95 Prozent ist es die rechte), haben sie auch einen dominanten Fuß, ein dominantes Auge, etc. *Dominanz* heißt, daß eines der paarweisen Organe systematisch bevorzugt wird, z. B. schießt der Fußballer X seine Elfmeter immer mit dem rechten Bein.

Hypothese 7:

Die Schwierigkeiten von Schulabgängern bei der Berufsentscheidung kann man vermindern, indem man ihnen Hilfestellungen bei der Analyse und Gliederung ihrer Berufs- und Lebensziele gibt.

In wissenschaftlicher Sicht sind besonders zwei Aspekte bei Hypothesen interessant:

(1) Die **Überprüfung** von Hypothesen.
Hypothesen sind vermutete Antworten auf bestimmte Fragen. Diese Vermutungen können richtig oder falsch sein. Bei der Überprüfung von Hypothesen geht es um den Nachweis, daß eine Hypothese wahr ist oder falsch. Wir werden später noch sehen, daß man im allgemeinen zwar beweisen kann, daß eine Hypothese falsch ist, nicht jedoch, daß eine Hypothese wahr ist.

(2) Die *Entstehung* von Hypothesen.
Woher kommen Hypothesen? Diese Frage wird im nächsten Abschnitt behandelt.

2.2 Entstehung der Hypothesen

Wie kommt man also zu einer Hypothese? Das Problem der Entstehung von Hypothesen ist für die Wissenschafts-Psychologie, -Soziologie und -Geschichte von Bedeutung, ebenso für die Psychologie des Problemlösens und Denkens.
Fragt man nur nach der Entstehung von Hypothesen, übersieht man u.U., daß es meistens auch um die *Erfindung* der Probleme und Fragen geht, auf die man eine Antwort sucht. Oft wird die Wissenschaft dadurch vorwärtsgebracht, daß neue Fragen auftauchen, daß bisher Selbstverständliches plötzlich frag-*würdig* wird, etc. Die Frage nach der Entstehung von Hypothesen umfaßt daher auch die Frage nach der Herkunft von Fragen.

Für das Finden von Hypothesen (und Fragen) gibt es keine Kochrezepte, die man nur brav zu befolgen braucht, um Erfolg zu haben. Es gibt allerdings hilfreiche Hinweise aus der Psychologie des Problemlösens und der Kreativitätsforschung, vgl. z.B. Aebli (1981). Ein Beispiel sind die verschiedenen Techniken zum Ideenfinden, eine Zusammenstellung findet man z.B. bei Franke (1975). Auch quantitative Verfahren zur Datenanalyse (z.B. die Faktorenanalyse), mit deren Hilfe man eine große Menge von Informationen strukturieren kann, können bei der Bildung von Hypothesen nützlich sein (vgl. z.B. Roth, 1993).

Ein allgemeines Prinzip der Psychologie des Problemlösens gilt auch für das Finden von Hypothesen: Eine intensive Beschäftigung mit dem Gegenstandsbereich und eine gute Beschreibung des Problems erhöht die Chancen, eine Lösung - d.h. in unserem Falle, eine Hypothese - zu finden.

Es ist also sehr nützlich, wenn man die bisherigen Forschungsergebnisse kennt, wenn man detaillierte Fallbeschreibungen aus dem entsprechenden Bereich zur Verfügung hat, etc.
Eine Reihe von Wissenschaftlern aus den verschiedensten Disziplinen (z.B. A. Einstein und der Mathematiker H. Poincaré) berichten, daß ihnen die Lösung für ein Problem (die Hypothese) plötzlich und unvermittelt eingefallen sei, zu einem Zeitpunkt, in dem sie gar nicht an das Problem dachten. Diesem plötzlichen Einfall ging aber stets eine Periode voraus, in dem sie sich sehr konzentriert und ausdauernd in das Problem verbissen hatten.

Oft spielt die Alltagspsychologie als Quelle für Hypothesen eine wichtige Rolle. Da ja jeder Wissenschaftler Erfahrung mit sich und anderen Menschen hat, ist es nur sinnvoll, wenn man diese Erfahrungsquelle anzapft, insbesondere dann, wenn keine anderen Informationen zur Verfügung stehen. Für den Bereich der Hypothesen*findung* ist auch die im vorigen Kapitel geäußerte Kritik an der Alltagspsychologie nicht stichhaltig. Schlimmstenfalls stellt sich eben die aus der Alltagspsychologie gewonnene Hypothese bei der Prüfung als falsch heraus.

Wenn man noch zuwenig Information hat, um fundierte Hypothesen entwickeln zu können, wählt man in der Wissenschaft oft einen aufwendigeren, meist fruchtbaren Weg: Man führt eine Erkundungsuntersuchung durch. Wenn man also z.B. keine oder zu wenig Information darüber hat, wie sich Menschen in Risikosituationen entscheiden, sammelt man also zunächst einmal Information von Menschen, die sich in einer Risikosituation entscheiden müssen, z.B. indem man Leute beobachtet und befragt, welche Entscheidungen unter Risiko fällen müssen (z.B. Operationspatienten, Wirtschaftsmanager, etc.), oder indem man Menschen unter Beobachtung eine Risikoentscheidung treffen läßt. Das hierbei gewonnene Datenmaterial erleichtert es häufig, erste Hypothesen zu formulieren. Es sei aber betont, daß es auch hier keine Rezeptmethoden gibt, die quasi *automatisch* aus den Daten Hypothesen erzeugen.

Natürlich gibt es auch eine Reihe sehr privater Problemlösehilfen, die aber wenigstens z.T. durchaus auch wissenschaftlich bewährt sind: Diskutieren von Fragestellungen und Hypothesen mit Kollegen, Meditation bei einem Glas Bier, usw.

Letztlich aber ist das Aufstellen von Hypothesen *auch* ein kreativer Prozeß, prinzipiell ähnlich dem Erfinden eines Gedichtes, und wie für dieses gibt es auch für jenes keine Rezepte.
Zum Abschluß dieses Abschnittes sei ausdrücklich betont, daß es für die Frage, ob eine bestimmte Hypothese wahr oder falsch ist, völlig gleichgültig ist, *wie* sie zustande gekommen ist und *wer* sie aufgestellt hat.

2.3 Überprüfung von Hypothesen

Bei der Überprüfung von Hypothesen geht es – grob gesprochen – um die Wahrheit oder Falschheit von Hypothesen.

Wie kann man nun nachweisen, daß eine Hypothese wahr oder falsch ist?
Es ist interessant, zu beobachten – etwa bei Diskussionen im Fernsehen –, wie wir Menschen im Alltag versuchen, unsere Hypothesen/Behauptungen zu rechtfertigen.
Einige dieser Methoden sind sehr einfach als untauglich zu erkennen:

So ist z.B. die Stärke der subjektiven Überzeugung («Ich bin *zutiefst* davon überzeugt, daß ...») kein Hinweis auf die Richtigkeit oder Falschheit einer Hypothese, auch wenn diese subjektive Überzeugung noch so ehrlich empfunden wird.

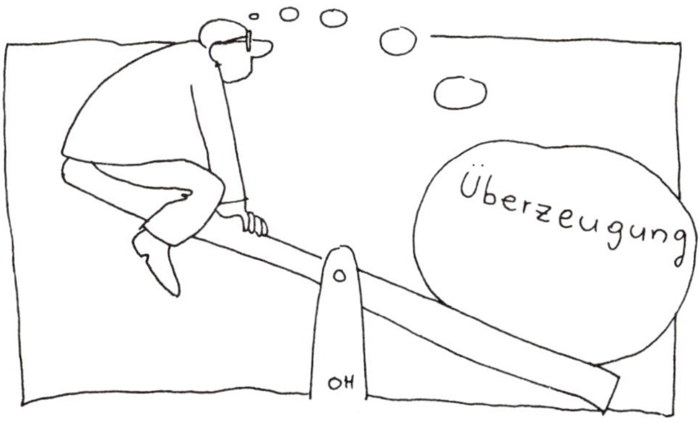

In der Zeit der Erfindung der Dampfeisenbahn waren Gutachter der Überzeugung, daß die horrende Geschwindigkeit (von maximal ca. 30 km/h) den Passagieren physische und psychische Schäden zufügen würde.

Auch die Berufung auf (anerkannte) Autoritäten («Das kann man doch schon bei Aristoteles nachlesen...») ist eine im Alltag häufig praktizierte, nichtsdestoweniger aber völlig untaugliche Methode zur Begründung. Aus der Tatsache, daß ein noch so berühmter Wissenschaftler eine bestimmte Hypothese vertreten hat, folgt natürlich nicht schon, daß diese Hypothese auch wahr ist.

Eine der im Alltag beliebtesten und gleichzeitig gefährlichsten Methoden zur Begründung einer Hypothese scheint mir der «Nachweis» durch Beispiele zu sein.
In einer Fernseh-Diskussion ging es um die Frage, ob Fernsehen und Film Modelle für aggressives Verhalten liefern. Ein Diskussionsteilnehmer brachte folgende Begründung für seine Behauptung, Fernsehen för-

dere die Aggression: Er habe erst neulich in der Zeitung über den Fall des jugendlichen Gernot D. gelesen. Dieser hatte einen Betrunkenen niedergeschlagen und ausgeraubt, weil er dringend Geld gebraucht hatte. Wie sich bei der Gerichtsverhandlung herausstellte, hatte Gernot D. zwei Tage vorher einen Fernsehfilm gesehen, in dem der Held ebenfalls einen Betrunkenen ausgeraubt hatte und nicht gefaßt wurde.

Gegenüber der Berufung auf Autoritäten oder auf die Stärke der subjektiven Überzeugung weist die Begründung durch Beispiele einen richtigen *Ansatz* auf: Es wird nämlich versucht, eine Hypothese durch einen Vergleich mit der Wirklichkeit zu begründen. Leider bleibt dieser Schritt in die richtige Richtung trotzdem unbrauchbar, weil er schwere methodische Mängel aufweist. Einmal sind die Beispiele aus der eigenen Erfahrung, aus Zeitungen, etc. fast zwangsläufig selektiv. Der Zeitungsreporter, der über den Fall des Gernot D. berichtete, hat ja kaum systematisch bei vielen Fällen recherchiert, ob die Angeklagten vorher einen entspechenden Film gesehen hatten oder nicht. Im Falle des Gernot D. hat er darüber berichtet, weil es in der Verhandlung zur Sprache kam. Ob Gernot D. überhaupt von diesem Film beeinflußt wurde, geht aus den reinen Fakten keineswegs hervor. Schließlich mag es eines oder sogar viele Beispiele geben, die *für* die Hypothese sprechen, es kann aber gleichzeitig eines oder auch viele *Gegenbeispiele* geben, d.h. Fälle, bei denen die Hypothese nicht zutrifft. Gegenbeispiele wären Jugendliche, die ebenfalls den Film gesehen hatten, ebenfalls Geld brauchten und trotzdem niemand ausraubten

Für gefährlich halte ich die Methode, Hypothesen durch Beispiele zu beweisen versuchen, deswegen, weil besonders die Aneinanderreihung von Beispielen bei Menschen ohne methodische Vorkenntnisse eindringlich und höchst überzeugend wirkt. Diese Technik wurde und wird daher von

Propagandisten verschiedenster Richtungen eingesetzt. So versuchten die Nationalsozialisten, die Leser ihrer Blätter von der moralischen Verworfenheit ihrer Gegner und natürlich insbesondere der Juden dadurch zu überzeugen, daß sie Beispielsfälle in konzentrierter Form berichteten. Da es natürlich in der jüdischen Bevölkerung ebenso Betrüger, Vergewaltiger, Mörder, etc. gab, wie bei der nichtjüdischen, brauchte man diese Fälle nicht einmal zu erfinden. Es genügte die suggestive Wirkung der Aneinanderreihung von Einzelbeispielen.

Offensichtlich ist die Untauglichkeit der Beispielsmethode nicht so leicht zu durchschauen wie z.B. die der Berufung auf die subjektive Überzeugung oder auf Autoritäten. So wird z.B. im Bereich der Klinischen Psychologie auch heute noch versucht, die Gültigkeit von theoretischen Ansätzen oder die Überlegenheit von Therapieformen durch das Aneinanderreihen von Beispielsfällen nachzuweisen (vgl. dazu Amelang & Bartussek, 1990).

Die Überzeugungskraft von Beispielen ist aus einer allgemeinen psychologischen Theorie über Urteilsbildung erklärbar. Beim Schätzen der subjektiven Wahrscheinlichkeit für ein Ereignis spielt es eine Rolle, wie leicht bzw. schwer wir Beispiele in unserem Gedächtnis finden. Zumindestens scheint dies bei Sachverhalten so zu sein, über die wir nicht präzise informiert sind. Fallen uns leicht und schnell Beispiele ein, schätzen wir die Wahrscheinlichkeit für das entsprechende Ereignis höher ein, als wenn es schwierig oder gar unmöglich ist, sich Beispielsfälle ins Gedächtnis zu rufen. Wenn Sie gefragt werden, ob Sie die Automarke X für reparaturanfälliger halten als andere, werden Sie vermutlich von Ihren persönlichen Erfahrungen bzw. denen Ihrer Freunde und Bekannten ausgehen – vorausgesetzt, Sie kennen die entsprechenden Statistiken nicht. Da man aber kaum einen repräsentativen Querschnitt im Gedächtnis verfügbar hat, kann es natürlich zu krassen Fehlurteilen kommen. Die Rolle der Verfügbarkeit im Gedächtnis für die subjektive Wahrscheinlichkeit eines Ereignisses wurde von D. Kahnemann und A. Tversky entdeckt und erforscht (vgl. z.B. Kahnemann, Slovic & Tversky, 1982).

In der Psychologie haben wir es mit empirischen Hypothesen zu tun, also mit Hypothesen, die etwas über die Wirklichkeit behaupten (daß Kinder unter sieben Jahren Kopf-Füßler zeichnen, daß Lernen am Modell eine Bedingung für aggressives Verhalten ist, etc.).
Für die Überprüfung derartiger Hypothesen ist die Logik zwar als Instrument erforderlich, sie allein reicht jedoch nicht aus. Durch ausschließlich logische Überlegungen läßt sich auch die Behauptung nicht als wahr oder falsch erweisen, daß vor meinem Fenster ein Baum seine Äste ausbreitet. Irgendwann in diesem Überprüfungsprozeß müssen Daten aus der Wirklichkeit (gewonnen z.B. durch einen Blick aus dem Fenster) eine kritische Rolle spielen.

Empirische Hypothesen können nur durch den – oft mühseligen – Vergleich mit der Wirklichkeit überprüft werden, sofern sie natürlich nicht schon aus logischen Gründen falsch (kontradiktorisch) sind.
Ganz allgemein folgt der Vergleich mit der Wirklichkeit dabei der folgenden Logik. Es sei festgehalten, daß dies zunächst eine grobe und daher naturgemäß vereinfachende Darstellung der Vorgangsweise ist:

Empirische Vorhersage
↓
Realisierung
↓
Vergleich
Vorhersage – Wirklichkeit
↓
Ergebnis

Empirische Vorhersage

Aus der Hypothese wird eine Vorhersage über einen empirischen Sachverhalt gemacht. Dabei werden zusätzliches Wissen und zusätzliche Annahmen einbezogen.

Z.B.: Die fünfzig Kinder, die im Kindergarten in der Luisengasse einsitzen, sind alle zwischen vier und sechs Jahren alt. Wenn man sie auffordert, einen Menschen zu zeichnen, müßten sie entsprechend der Hypothese (Hypothese 2) Kopf-Füßler produzieren.

In diesem Schritt wird also eine Vorhersage in dem Sinne formuliert, daß unter bestimmten **Bedingungen** ein spezielles empirisches **Ereignis** eintritt.

In unserem Beispiel bestünde die Bedingung darin, daß die Kinder jünger als sieben Jahre sind und sich ehrlich bemühen, einen Menschen zu

zeichnen. Als Ereignis wird vorhergesagt, daß die Kinder Kopf-Füßler zeichnen.
Das Ereignis, dessen Eintreten vorhergesagt wird, kann in der Zukunft liegen, aber auch in der Vergangenheit. Der zentrale Aspekt bei der empirischen Vorhersage ist also nicht - wie die Bezeichnung nahelegt - die Vorhersage eines *zukünftigen* Ereignisses, sondern die Vorhersage bezieht sich auf unsere *Kenntnis* von dem Ereignis. Wir sagen etwas über ein Ereignis voraus, von dem wir noch keine Kenntnis haben, gleichgültig, ob das Ereignis in der Zukunft liegt oder in der Vergangenheit. Die empirische Vorhersage über die Kopf-Füßler z.B. bezieht sich auch auf Ihre Kinderzeichnungen, lieber Leser oder liebe Leserin. Wenn Sie sie aufbewahrt haben, dann könnten Sie die Vorhersage prüfen, daß eben bei den Zeichnungen, die Sie bis zum Altern von sieben Jahren angefertigt haben, Menschen als Kopf-Füßler dargestellt sind.
Genaueres zum Thema *Vorhersage* findet man z. B. bei Kleiter (1993) oder bei Speck (1980).

Realisierung
In diesem Schritt geht es darum, ob die in der Vorhersage formulierten Bedingungen tatsächlich erfüllt sind. Bei der nicht-experimentellen Forschung kontrolliert der Forscher lediglich passiv, ob die Bedingungen zutreffen. Er würde also z.B. feststellen, ob alle 50 Kinder, die an der Untersuchung teilnehmen, jünger als sieben Jahre sind. Bei einem Experiment erzeugt die Wissenschaftlerin diese Bedingungen aktiv selbst (vgl. Kapitel 3). Sie würde also z. B. bei der Prüfung der Hypothese 7 (Wenn Schulabgänger Schwierigkeiten bei der Berufsentscheidung haben, ist es nützlich, ihnen Hilfestellungen bei der Analyse und Gliederung ihrer Berufs- und Lebensziele zu geben) nicht passiv darauf warten, daß wenigstens einige Schüler eine derartige Hilfestellung erhalten, sondern sie würde aktiv mit einem Teil der Schüler eine solche Hilfestellung (z. B. in Form eines Lernprogrammes) durcharbeiten. Die Ergebnisse dieser Schüler würde sie dann mit denen von anderen Schülern vergleichen, die keine Hilfestellung erhalten hatten.

Vergleich: Vorhersage - Wirklichkeit
In dieser Phase wird geprüft, ob und inwieweit das oder die beobachteten Ereignisse mit der Vorhersage übereinstimmen oder nicht.
Nehmen wir z.B. folgendes Ergebnis an: Von den fünfzig untersuchten Kindern haben 33 eindeutig *keinen* Kopf-Füßler gezeichnet, sondern Männchen mit klar identifizierbarem Rumpf und Gliedmassen, die am Rumpf angesetzt sind. Die anderen 17 hätten eindeutige Kopf-Füßler oder (zwei der 17 Kinder) Mischformen zwischen Kopf-Füßlern und Rumpfmännchen produziert.

Ergebnis
Als Ergebnis des Vergleiches zwischen Vorhersage und Wirklichkeit

kann nun die Hypothese als wahr akzeptiert oder als falsch abgelehnt werden, als vermutlich wahr oder falsch eingestuft werden, usw.

In unserem Beispiel ist die Entscheidung nicht allzu schwierig. Die Hypothese behauptet, *alle* Kinder unter sieben Jahren zeichnen Kopf-Füßler, während ca. zwei Drittel der von uns beobachteten Kinder in dieser Altersgruppe das nicht tun. Wir werden also zu dem Ergebnis kommen müssen, daß diese Hypothese unhaltbar und falsch ist.

Freilich sind nicht alle empirischen Prüfungen so eindeutig. Was wäre unser Ergebnis, wenn von 50 Kindern 49 eindeutige Kopf-Füßler zeichnen und eines eindeutig ein Rumpfmännchen? Über derartige Probleme werden wir im Kapitel 4.6 noch ausführlicher sprechen.

Ein weiteres sehr wichtiges Problem bei der empirischen Hypothesenprüfung sei hier nur skizziert, ausführlicher werden wir uns damit in Kapitel 4.8.2 auseinandersetzen:

Es ist nie möglich, eine Hypothese isoliert zu prüfen. Stets gibt es zu den explizit in der Hypothese genannten Bedingungen (z.B.: Kinder bis zu einem Alter von sieben Jahren) weitere unausgesprochene Bedingungen, die aber – wenigstens prinzipiell – jederzeit explizit gemacht werden könnten. Hier nur einige Beispiele: Wenn wir die Hypothese mit den Kopf-Füßlern bei unseren fünfzig Kindergartenkindern prüfen möchten, brauchen wir Informationen z.B. über das Alter der Kinder. Diese erhalten wir von den Eltern, aus den Akten der Kinder im Kindergarten oder aus anderen Quellen. Wir würden bei unserer Untersuchung zunächst einmal davon ausgehen, daß diese Informationen stimmen, und nicht versuchen, das Alter der Kinder mit anderen Mitteln festzustellen. Diese Annahme, die Information von den Eltern oder aus den Akten sei zutreffend, haben wir aber nicht extra überprüft. Wenn wir die Kinder dann bitten, ein Männchen zu zeichnen, setzen wir voraus, daß die Kinder unseren Auftrag verstehen, daß sie also die gleiche Sprache sprechen wie wir. Auch dies ist lediglich eine Annahme, die keineswegs immer zutreffen muß. Wenn wir dann die Kinderzeichnungen betrachten und entscheiden, ob es sich um einen Kopf-Füßler handelt oder nicht, machen wir das vor dem Hintergrund einer Wahrnehmungstheorie, die wir aber im Moment gar nicht weiter hinterfragen. Es zeigt sich also, daß wir selbst bei einer so einfachen Hypothese eine Reihe von theoretischen oder faktischen Zusatzannahmen machen müssen.

Was bedeutet das aber für die Hypothesenprüfung? Für die Hypothesenprüfung hat das die Konsequenz, daß wir immer nur die Hypothese und die Zusatzannahmen zugleich prüfen können. Steht das Ergebnis der empirischen Prüfung im Widerspruch zu der Hypothese, dann gibt es mehrere Möglichkeiten: Es kann die Hypothese falsch sein, es kann eine oder mehrere der Zusatzannahmen falsch sein, oder beides. Wir müssen uns also bei der Beurteilung des Ergebnisses darüber klar sein, ob wir die theoretischen und faktischen Zusatzannahmen anzweifeln oder nicht. Freilich wird man die Zusatzannahmen nur dann in Frage stellen, wenn zwingende Gründe dafür sprechen. Wenn sich herausstellt, daß eine oder mehrere derartige Zusatzannahmen falsch sind, dann ist die Prüfung der Hypothese natürlich nicht schlüssig. Es ist genauso, als hätten wir die Hypothese gar nicht geprüft. Es könnte z.B. sein, daß ein Kind vor dem Fernseher sitzt, in dem ein aggressives Modell gezeigt wird, daß dieses Kind aber seinen Tagträumen nachhängt und in Wirklichkeit gar nicht auf den Fernsehapparat achtet. In diesem Fall wird die Annahme, das Kind beobachtet das Modell, eben falsch, und die Prüfung könnte nicht akzeptiert werden. Eigentlich hat ja bei diesem Kind gar keine Prüfung stattgefunden.

Es sei also vorläufig festgehalten, daß die Prüfung einer Hypothese stets relativ zu theoretischen und faktischen Zusatzannahmen gemacht wird.

Damit das Ergebnis einer empirischen Hypothesenprüfung tatsächlich akzeptiert werden kann, muß diese Prüfung bestimmten methodischen Kriterien genügen. Der Rest dieses Buches beschäftigt sich hauptsächlich mit der Art und Weise, *wie* die empirische Prüfung gestaltet werden muß, damit diese methodischen Bedingungen erfüllt sind.

2.4 Typen von Hypothesen

Wir haben bis jetzt über die Wahrheit bzw. Falschheit von Hypothesen recht unreflektiert gesprochen. Dies muß sich nun ändern. Damit wir aber dieses Problem genauer erörtern können, müssen wir zunächst die für unsere Zwecke wichtigsten Typen von Hypothesen unterscheiden. Einen ausführlicheren Überblick über Hypothesentypen finden Sie z.B. in Schulz, Muthig & Koeppler (1981). Für unsere Zwecke halte ich es für sinnvoll, wenn wir bei Hypothesen einen gewissen Allgemeinheitsgrad voraussetzen. Reine Singulärsätze sind damit als Hypothesen nicht zugelassen. Singulärsätze beinhalten fixe Raum-Zeitangaben, z.B.: Frau X.Y. trägt am 25. August 1986 vor dem Schalter 4 des Zentralpostamtes in Fribourg eine Lesebrille.

2.4.1 Universelle Hypothesen

Derartige Hypothesen sind für *alle* Fälle eines bestimmten Bereiches formuliert. Es wird z.B. behauptet, *alle* Kinder einer bestimmten Altersgruppe zeichnen in einer bestimmten Art und Weise, für *alle* Menschen gelten bestimmte gesetzmäßige Zusammenhänge zwischen Emotionen und Gesichtsausdruck, usw.

Universelle Hypothesen kann man weiter unterteilen in *strikt* universelle und *nicht-strikt* universelle. Die letzteren werden häufig auch als *Quasiuniverselle Hypothesen* bezeichnet.

Strikt universelle Hypothesen gelten ohne Einschränkung für alle Fälle eines Bereiches (also z.B. für alle Menschen), während bei den nicht-strikt universellen die Fälle eingeschränkt werden, z.B. auf alle Menschen weiblichen Geschlechtes, auf alle Menschen, die eine bestimmte psychische Störung haben, oder alle Beschäftigten in einem bestimmten Betrieb. Die Einschränkung kann u.U. sehr weit gehen, im Extremfall so weit, daß nur mehr ein einziger Fall übrigbleibt, z.B.: Alle Menschen, die am 15. Mai 1985 vor 8 Uhr im Krankenhaus Oberndorf bei Salzburg geboren wurden. Für uns ist die Unterscheidung zwischen strikt und nicht-strikt universellen Hypothesen nicht weiter von Bedeutung.

2.4.2 Existentielle Hypothesen

Dieser Typ von Hypothesen behauptet einen bestimmten Sachverhalt für *mindestens einen* Fall. Z.B.: Es gibt (mindestens einen) Menschen, der sich mehr als siebzig einzeln vorgesprochene Zahlen merken kann; es gibt homosexuelle Beziehungen zwischen männlichen Wildenten, es gibt (mindestens einen) Menschen, der über ein absolutes Gehör verfügt. Bitte beachten Sie, daß eine existentielle Hypothese nicht behauptet, es gäbe *genau einen* Fall ! Es wird lediglich ausgesagt, es gibt *mindestens* einen Fall, das können durchaus auch sehr viele sein.

2.4.3 Hypothesen über Anteile

Bei diesen Hypothesen wird eine Behauptung für einen mehr oder weniger scharf eingegrenzten Anteil aller möglichen Fälle aufgestellt. Beispiele: Achtundachzig bis fünfundneunzig Prozent aller Menschen sind Rechtshänder, der Anteil von Zivildienern ist bei Studenten größer als bei Nichtstudenten.

Hypothesen über Anteile hängen oft zusammen mit *stochastischen* Hypothesen, wobei stochastische Hypothesen im Gegensatz stehen zu *deterministischen*. Stochastische Hypothesen behaupten, daß ein bestimmter Sachverhalt nur mit einer bestimmten Wahrscheinlichkeit gilt (probabilistische stochastische Hypothesen) oder nur für einen Anteil bzw. Prozentsatz aller Fälle. Die letzteren werden in der wissenschaftstheoretischen Literatur oft als *statistische* stochastische Hypothesen bezeichnet. Deterministische Hypothesen behaupten einen Sachverhalt mit Sicherheit (Notwendigkeit). Auch diese Unterscheidungen sind für unsere weitere Arbeit nicht von Bedeutung, weitere Information finden Sie z.B. in Speck (1980). Die Bezeichnung *statistische Hypothese* wird aber in der Psychologie in anderer Bedeutung verwendet, vgl. Kapitel 4.6.

Bisher haben wir so getan, als beträfe die Frage, ob eine Hypothese universell, existentiell oder eine Hypothese über Anteile ist, ausschließlich die Individuen, um die es in der Hypothese geht. Dem ist aber nicht so. Man kann analoge Unterscheidungen für alle in der Hypothese vorkommenden Variablen treffen. So sind z.B. bestimmte Lerngesetze für *alle* Lerninhalte formuliert, sie müßten also für das Vokabellernen genauso gelten wie für das Erlernen des Radfahrens oder des Schachspieles. Hypothese 1 schränkt das in Frage stehende aggressive Verhalten nicht ein, demnach müßte sie für die unterschiedlichsten Verhaltensweisen zutreffen, vom Anspucken über das Erwürgen bis zum Zertreten. Ich werde diese zusätzlichen Unterscheidungen und die sich daraus ergebenden Kombinationen hier nicht weiter ausführen. Sie sind aber bei der Hypothesenprüfung von Bedeutung, und ich werde in Abschnitt 2.5.1 wieder darauf zurückkommen.

2.5 Verifizieren - falsifizieren - bestätigen

Nachdem wir nun auch die wichtigsten Hypothesentypen kennengelernt haben, können wir das Thema *Wahrheit und Falschheit von Hypothesen* endgültig angehen.

Zwei Begriffe sind zentral: *Verifikation* (*verifizieren*) und *Falsifikation* (*falsifizieren*).

Eine Hypothese gilt als **verifiziert**, wenn sie als wahr bewiesen wurde.
Eine Hypothese gilt als **falsifiziert**, wenn sie als falsch bewiesen wurde.

Können nun alle empirischen Hypothesen (prinzipiell) verifiziert und falsifiziert werden?
Um diese Frage beantworten zu können, müssen wir Verifikation und Falsifikation bei den Typen von Hypothesen untersuchen, die wir vorher definiert haben.
Zunächst müssen wir eine prinzipielle Unterscheidung treffen, je nachdem, ob der Bereich, für den die Hypothese formuliert ist, klein genug ist (1), oder zu groß (2):

(1) Die Zahl der Fälle, für die die Hypothese formuliert ist, ist so klein, daß es möglich ist, tatsächlich *alle* diese Fälle empirisch zu untersuchen. Nehmen wir beispielsweise an, die Hypothese sei für die 40 Personen formuliert, die zu einem bestimmten Zeitpunkt in einem bestimmten Hörsaal versammelt sind. Nehmen wir weiter an, die Hypothese bezieht sich auf das Geschlecht dieser Personen, eine Variable, die (relativ) einfach und zuverlässig feststellbar ist. Beispiele für die drei besprochenen Typen von Hypothesen wären dann: Alle im Hörsaal anwesenden Personen sind weiblichen Geschlechts, mindestens eine der anwesenden Personen ist weiblichen Geschlechtes, 45 bis 65 Prozent der anwesenden Personen sind weiblichen Geschlechtes.
Unter der Voraussetzung, daß die Zahl der Fälle so klein ist, daß tatsächlich alle untersucht werden können, sind alle drei Typen von Hypothesen sowohl verifizierbar als auch falsifizierbar.
Zu den drei Beispielshypothesen: Die Universalhypothese ist verifiziert, wenn alle 40 Personen weiblich sind, andernfalls falsifiziert. Die Existenzialhypothese ist falsifiziert, wenn keine der Personen weiblich ist, und sonst verifiziert. Die Hypothese über Anteile ist verifiziert, wenn die Zahl der weiblichen Personen zwischen 18 und 26 liegt, und falsifiziert, wenn sie kleiner oder größer ist.

(2) Ganz anders liegt die Sache, wenn die Zahl der Fälle, für die die Hypothese formuliert wurde, zu groß ist, als daß jeder einzelne Fall tatsächlich untersucht werden könnte. Das ist z.B. so, wenn eine Hypothese für alle Menschen Geltung beansprucht, oder für alle derzeit lebenden Menschen des euroamerikanischen Kulturkreises, etc. Die meisten Hypothesen in der Psychologie sind wohl für einen so großen Geltungsbereich formuliert.
Bitte beachten Sie, daß die Frage, ob eine Hypothese strikt oder nichtstrikt universell ist, unabhängig davon ist, ob die Zahl der Fälle klein genug ist oder zu groß. Eine Hypothese z.B., die für alle Menschen männlichen Geschlechtes formuliert ist, ist zwar eine nicht-strikt universelle Hypothese, trotzdem ist die Zahl der Fälle, für die sie Geltung beansprucht, viel zu groß, als daß alle untersucht werden könnten.
Wenn nur ein kleiner Teil aller Fälle untersucht werden kann, ergibt das im Hinblick auf Verifikation und Falsifikation unterschiedliche Konsequenzen bei den drei Typen von Hypothesen:

2.5.1 Universelle Hypothesen

Universelle Hypothesen behaupten, daß ein Sachverhalt für *alle* Fälle gilt. Läßt sich eindeutig zeigen, daß es Fälle gibt, die der Hypothese widersprechen, dann ist diese Hypothese falsifiziert.
So kann die Hypothese, alle Kinder unter sieben Jahren zeichnen Kopf-Füßler, dadurch falsifiziert werden, daß man unzweifelhafte Fälle beobachtet, bei denen Kinder unter sieben Jahren eindeutig *keine* Kopf-Füßler zeichnen.
Die Falsifikation einer universellen Hypothese ist also prinzipiell stets möglich, insbesondere auch dann, wenn nicht alle überhaupt möglichen Fälle untersucht werden können.

Wie sieht es aber mit der Verifikation aus? Diese ist bei universellen Hypothesen dann unmöglich, wenn nicht wirklich alle Fälle untersucht werden können. Daher sind universelle Hypothesen unter der Bedingung (2) *nicht verifizierbar.*

Universelle Hypothesen sind meist nicht nur für alle Individuen formuliert, sondern universell auch bezüglich anderer Variablen: z.B. auch für alle Zeitpunkte, alle Arten von aggressiven Handlungen, für alle Modelle, die als Vorbild akzeptiert werden, etc. Daraus ergibt sich aber die Unmöglichkeit der Verifikation nicht nur aus praktischen Gründen (weil es eben zu viele Menschen sind, die untersucht werden müßten), sondern eine prinzipielle: Wenn sich nämlich die Person Friederike K. zu einem bestimmten Zeitpunkt im Restaurant auf das Modell E.M. konzentriert, der gerade giftig die Kellnerin beschimpft, kann nicht zum gleichen Zeitpunkt geprüft werden, ob sie sich im Straßenverkehr aggressiv verhält oder nicht. Es ist also unmöglich, alle Modelle mit allen möglichen aggressiven Verhaltensweisen zu allen Zeitpunkten zu untersuchen. Daraus ergibt sich aber die prinzipielle Unmöglichkeit, eine derartige Universalhypothese zu verifizieren.

Die *meisten* Hypothesen in der Psychologie sind wohl *universelle* Hypothesen, bei denen die Zahl der möglichen Fälle zu groß ist, als daß sie alle untersucht werden könnten. Es ist daher wichtig, sich stets vor Augen zu halten, daß derartige Hypothesen nur falsifizierbar, nie aber verifizierbar sind.

Eine universelle Hypothese, die empirisch geprüft und dabei *nicht* falsifiziert wurde, nennt man **bestätigt** oder **bewährt**.
Es ist üblich und notwendig, **Grade der Bewährung** zu unterscheiden. Eine Hypothese, die oft geprüft und dabei nie falsifiziert wurde, gilt als gut bewährt, eine neue Hypothese, die erst einmal getestet und dabei ebenfalls nicht falsifiziert wurde, gilt als noch nicht so gut bewährt, usw. Wenn man sich daran erinnert, daß die Prüfung einer Hypothese stets vor dem Hintergrund von Zusatzannahmen geschieht, dann kann auch die Falsifikation einer universellen Hypothese nicht hundertprozentig sicher sein, da ja auch eine oder mehrere der Zusatzannahmen falsch sein könnte. Wir werden auf das Problem des Bewährungsgrades von Hypothesen im Kapitel 4.8 noch einmal zurückkommen. Leider gibt es – abgesehen vielleicht für ganz spezielle Fälle – keine allgemein akzeptierten Methoden, wie man den Bewährungsgrad von Hypothesen bestimmt.

2.5.2 Existentielle Hypothesen

Eine existentielle Hypothese behauptet einen bestimmten Sachverhalt für mindestens einen aus allen möglichen Fällen. Gelingt es, auch nur einen derartigen Fall zweifelsfrei nachzuweisen, dann ist die Hypothese verifiziert, dies auch dann, wenn nicht alle Fälle untersucht werden können. Kann man z.B. eindeutig belegen, daß einige Schimpansen ein kleines Schwein jagen, töten und es verzehren, dann ist die existentielle Hypothese verifiziert, daß Schimpansen auch Fleisch essen (d.h. es gibt mindestens einen Fall, wo die Nahrung eines Schimpansen aus Fleisch besteht).

Existentielle Hypothesen kann man aber nie falsifizieren, wenn man nicht alle möglichen Fälle untersuchen kann. Selbst wenn man bereits vierzigtausend Menschen beobachtet hat, und keiner von ihnen sich auch nur annähernd siebzig Zahlen merken konnte, so kann daraus nicht der Schluß gezogen werden, daß es überhaupt keinen derartigen Menschen gibt. Es könnte ja immer einen geben, den wir (noch) nicht untersucht haben, und bei dem die Hypothese zutrifft. Existentielle Hypothesen sind daher unter Bedingung (2) nie falsifizierbar, sondern *nur verifizierbar.*

Auch bei der Verifikation von existentiellen Hypothesen kann man verschiedene Grade der Sicherheit unterscheiden, je nachdem, wie gut abgesichert die positiven Fälle sind.

Existentielle Hypothesen spielen in der Psychologie nur eine untergeordnete Rolle und sind nicht sehr häufig.

2.5.3 Hypothesen über Anteile

Eine Hypothese über Anteile stellt eine Behauptung für einen bestimmten Anteil aller möglichen Fälle auf.
Betrachten wir beispielsweise die Hypothese, daß 88 bis 95 Prozent aller Menschen Rechtshänder sind. Nehmen wir an, wir hätten 1000 Menschen untersucht, davon sind 800 eindeutige Rechtshänder, also 80 Prozent. Dieses Resultat steht scheinbar im Gegensatz zur Hypothese.

Das Problem liegt darin, daß wir nur einen kleinen Teil der Grundgesamtheit untersucht haben, und die Auswahl der untersuchten Personen eine kritische Rolle spielt. Die Hypothese bezieht sich auf eine große Zahl von Fällen. Selbst wenn sie wahr ist, heißt das natürlich nicht, daß in jeder Untergruppe, die wir herausgreifen, die Anteile exakt gleich vertreten sein müssen.
So gibt es derzeit an der Universität Fribourg 68% weibliche und 32% männliche von insgesamt ca. 500 Psychologiestudenten. Daraus folgt

nun aber keineswegs, daß überall dort, wo mehrere Psychologiestudenten zusammen sind (in einer bestimmten Vorlesung, um 16 Uhr in der Cafeteria, um 10 Uhr in der Institutsbibliothek) genau 68% weiblich und 32% männlich sind. Selbst wenn wir mit Hilfe eines Zufallsprozesses (z. B. Lose) eine Untergruppe von z. B. 40 Studenten auswählen, müssen davon nicht unbedingt 27 weiblich und 13 männlich sein, es können durchaus auch 16 weibliche und 24 männliche sein. Es ist sogar möglich, wenn auch nicht allzu wahrscheinlich, daß alle 40 zufällig ausgewählten Studenten männlich sind. Die Wahrscheinlichkeit für die verschiedenen möglichen Zusammenstellungen in der Untergruppe kann man mit Hilfe elementarer statistischer Methoden berechnen.
Analog ist die Situation nun bei Hypothesen über Anteile. Der beobachtete Anteil bei der ausgewählten Untergruppe kann im Vergleich mit der Verteilung der Anteile in der Grundgesamtheit mehr oder weniger verzerrt sein.

Hypothesen über Anteile können daher unter Bedingung (2) - d.h. wenn nur ein Teil aller Fälle untersucht wird - weder falsifiziert noch verifiziert werden.
Mit Hilfe statistischer Methoden kann man jedoch oft wenigstens einen ungefähren Bestätigungsgrad oder Bewährungsgrad bestimmen.

2.5.4 Zusammenfassung

Tabelle 1 faßt die Ergebnisse dieses Abschnittes zusammen.
Es sei noch einmal hervorgehoben, daß wir es in der wissenschaftlichen Psychologie meist mit Universellen Hypothesen zu tun haben, bei denen nicht alle Fälle untersucht werden können.
Nur der Vollständigkeit halber sei festgehalten, daß in der Literatur Hypothesen oft in einer ungenauen Sprache abgefaßt sind. Betrachten Sie z.B. die Formulierung «Intelligenz ist umweltbedingt». Man kann hier

Tabelle 1: Verifizierbarkeit und Falsifizierbarkeit bei verschiedenen Typen von Hypothesen.

	Universelle Hypothesen	Existentielle Hypothesen	Hypothesen über Anteile
alle Fälle der Grundgesamtheit werden untersucht	verifizierbar und falsifizierbar	verifizierbar und falsifizierbar	verifizierbar und falsifizierbar
nur ein (kleiner) Teil der Fälle der Grundgesamtheit kann untersucht werden	nur falsifizierbar	nur verifizierbar	weder verifizierbar noch falsifizierbar

nicht auf den ersten Blick durchschauen, ob diese Hypothese universell, existentiell oder als Hypothese über Anteile gemeint ist. Um das herauszufinden, muß man den Zusammenhang analysieren, in den der jeweilige Autor seine Hypothese stellt.
Schließlich möchte ich darauf hinweisen, daß man eine Hypothese nur empirisch überprüfen kann, indem man die in ihr vorkommenden theoretischen Begriffe operationalisiert. Verifikation bzw. Falsifikation sind also stets relativ zur Operationalisierung: Wenn die Operationalisierung eines theoretischen Konzeptes untauglich ist, ist auch die Überprüfung untauglich.

2.6 Vorbedingungen für die Überprüfbarkeit einer Hypothese

Die Vorbedingungen für die Prüfbarkeit einer Hypothese, die wir in diesem Abschnitt besprechen werden, sind nicht spezifisch für eine bestimmte Methode, wie z.B. das Experiment, sondern gelten allgemein für alle empirischen Methoden.

2.6.1 Widerspruchsfreiheit

Die Hypothese(n) selbst und der gesamte Komplex aus Hypothese(n) *und* Hintergrundtheorien *und* Zusatzannahmen muß **widerspruchsfrei** sein, d.h. sie darf nicht zugleich eine bestimmte Behauptung *und* ihr logisches Gegenteil enthalten. Eine Hypothese bzw. ein derartiger Komplex darf z.B. nicht vorhersagen, daß bei Einnahme einer bestimmten Menge von Alkohol die Reaktionszeit ansteigt und gleichzeitig sinkt.
Diese Forderung ist bei einfachen Einzelhypothesen leichter zu erfüllen, weil hier ein Widerspruch eher auffällt. Bei komplexen Hypothesen oder Theorien, die aus einem Bündel von zusammenhängenden Sätzen bestehen, ist dies schon schwieriger. Eine Hilfe beim Nachweis der Widerspruchsfreiheit bildet die Übersetzung in eine formal-logische Sprache.

Ich muß aber gestehen, daß dem Problem der Widerspruchsfreiheit von Hypothesenkomplexen und Theorien im allgemeinen eher wenig Aufmerksamkeit geschenkt wird. Der Beweis für die Widerspruchsfreiheit wird nur gelegentlich geführt, z.B. bei Theorien im Bereich der Mathematischen Psychologie.

2.6.2 Kritisierbarkeit

Eine Hypothese ist **kritisierbar**, wenn es mögliche Ergebnisse der Prüfung gibt, welche die Hypothese falsifizieren oder den Bestätigungsgrad der Hypothese absenken.

So ist die Hypothese *Kinder unter sieben Jahren zeichnen Kopf-Füßler* kritisierbar: Wenn Kinder unter sieben Jahren Männchen zeichnen, die eindeutig keine Kopf-Füßler sind, dann ist diese Hypothese falsifiziert. Die Hypothese *Lernen mit Pausen (verteiltes Lernen) ist wirksamer als Lernen ohne Pausen (massiertes Lernen)* ist ebenfalls kritisierbar. Angenommen, wir prüfen diese Hypothese auf folgende Art und Weise: Wir veranstalten einen Kurs, bei dem die Teilnehmer ein für sie neues Kartenspiel lernen. Wir teilen die Kursteilnehmer in zwei Gruppen ein: Die Gruppe M lernt das Kartenspiel in einer ununterbrochenen mehrstündigen Lernsitzung (massiertes Lernen), die Gruppe V hat jeweils nach 45 Minuten eine Pause von 15 Minuten (verteiltes Lernen). Alle anderen Umstände seien gleich. Unsere Hypothese wäre kritisiert, wenn sich bei der anschließenden Prüfung herausstellte, daß die Gruppe M ein gleich gutes oder sogar besseres Lernresultat erzielt hat als die Gruppe V.

Auch Hypothesen über Anteile können durchaus kritisierbar sein. Nehmen wir an, wir würden die Hypothese *fünf bis zwölf Prozent aller Menschen sind Linkshänder* dadurch prüfen, daß wir in den Staaten Deutschland, England, Frankreich. Italien, Österreich und Schweiz insgesamt zehntausend Personen zufällig auswählen. Wir testen die Händigkeit all dieser Personen und erhalten das folgende Ergebnis: 4.196 von den zehntausend sind eindeutige Linkshänder, das sind rund 42%. Dann wäre unsere ursprüngliche Hypothese zwar nicht falsifiziert, aber ihr Bewährungsgrad wäre sehr gering. Andere Hypothesen - z.B. daß die Zahl der Linkshänder 45% beträgt - wären wesentlich besser bestätigt, hätten also einen deutlich höheren Bewährungsgrad.

Was ist nun mit Hypothesen, die nicht kritisierbar sind? Solche Hypothesen können nicht falsifiziert werden. Ja es ist nicht einmal möglich, daß ihr Bestätigungsgrad sinkt, ganz gleich, welches Ergebnis die Überprüfung bringt.
Ein Beispiel für nicht kritisierbare Hypothesen sind solche, die unter allen denkbaren Umständen wahr sind und alles erklären können. Daß eine Hypothese alles erklären kann, mag auf den ersten Blick sogar als Vorteil erscheinen. Gilt das aber auch, wenn man einen zweiten Blick riskiert?
Eine wohlbekannte Hypothese betrifft die Wettervorhersage:
Kräht der Hahn auf dem Mist, ändert sich das Wetter, oder es bleibt, wie es ist.
Diese alte Agronomen-Regel ist nicht falsifizierbar, gleichzeitig vermag sie auch das Auftreten jeden Wetters zu «erklären». Das liegt aber eben daran, daß sich das Wetter zu jedem beliebigen Zeitpunkt ändert oder nicht ändert. Eines von beiden muß das Wetter ja tun. Die in der Hypothese behauptete «Gesetzmäßigkeit» zwischen dem Krähen des Hahnes und dem Wetter ist in Wahrheit keine, denn Sie können jedes beliebige andere Ereignis als Bedingung einsetzen: Wenn ein rotes Auto über die

Kreuzung fährt, ändert sich das Wetter oder es bleibt, wie es ist; wenn ich einen Brief vom Finanzamt in meinem Briefkasten finde, ändert sich das Wetter oder es bleibt, wie es ist, usw.

Traurige Beispiele für nicht kritisierbare Hypothesen stammen aus der Zeit der Hexenprozesse, z.B.:
Frau Marthe Schwerdtlein steht mit einer teuflischen Macht im Bunde.
Wie wurde eine derartige Hypothese geprüft?
Zunächst wurde Frau M.S. verhört. Gestand sie, daß sie mit dem Teufel im Bunde sei, war die Hypothese klarerweise bestätigt. Gestand sie nicht, wurde sie gefoltert. Gestand sie im Zuge der Folter, war die Hypothese ebenfalls bestätigt. Gestand sie auch unter der härtesten Folter nicht, war das nur dadurch zu erklären, daß ihr der Teufel bei der Folter beigestanden war. Auch im letzteren Fall war das Bündnis mit dem Teufel erwiesen und die Hypothese damit bestätigt. Das Ergebnis der Hypothesenprüfung stand also von vorneherein fest, und die Hypothese konnte nur bestätigt werden. Eine Falsifikation war unmöglich.

Auch in der Psychologie gab und gibt es Hypothesen, denen Unkritisierbarkeit vorgeworfen wird. Kaplan (1964) kritisiert ein Beispiel aus der Psychoanalyse: In der ödipalen Phase fühlen sich Knaben sexuell zu ihren Müttern hingezogen. Kann man also bei einem Knaben entsprechendes Verhalten beobachten, so spricht das für diese Hypothese. Man könnte nun meinen, daß es gegen die Hypothese spräche, wenn sich das der Hypothese entsprechende Verhalten *nicht* zeigt oder wenn der Knabe gar zu erkennen gibt, daß er seine Mutter nicht leiden kann. Dem ist aber nicht so. Dies zeigt nämlich lediglich an, daß eine mehr oder weniger starke Reaktionsbildung stattgefunden hat. Reaktionsbildung ist ein Abwehrmechanismus gegen angstbeladene Wünsche (wie z.B. der Wunsch nach sexuellem Verkehr mit der Mutter), bei dem gegenteilige Intentionen überbetont werden und als «Schutzwall» dienen.
Der Knabe Roland L. versucht häufig, seine Mutter zu küssen, er zeigt also ein typisch ödipales Verhalten. Herbert N. dagegen ist in der gleichen Altersstufe höchst abweisend gegen seine Mutter. Bei ihm hat eben eine Reaktionsbildung stattgefunden.
So ist die Hypothese unkritisierbar, denn sie stimmt immer, was immer auch passiert.

Eine derartige Hypothese ist **immun** gegen die Prüfung. Sie kann alles, was passiert, «erklären». Eine Hypothese aber, die alles erklärt, erklärt in Wirklichkeit gar nichts.
Hypothesen, die nicht kritisierbar sind, machen nur höchst triviale Aussagen. Daß sich das Wetter zu einem bestimmten Zeitpunkt ändert oder nicht, ist trivial und bringt keine neue Information. Auch die Aussage, daß Knaben in einem bestimmten Alter im Verhalten zeigen, daß sie ihre Mütter mehr oder auch weniger anziehend finden, enthält keine Infor-

mation. Dies sollte man sich in Erinnerung rufen, da man mit derartigen Hypothesen im Nachhinein alles mögliche sehr gut erklären kann.
Ich werde in Abschnitt 2.7.1 noch zeigen, daß informative Hypothesen keineswegs alles erklären können, sondern sehr spezifische Vorhersagen machen.

Bei nicht kritisierbaren Hypothesen ist es sinnvoll, prinzipiell unüberprüfbare von faktisch unüberprüfbaren zu unterscheiden. *Prinzipiell unüberprüfbar* ist eine Hypothese, wenn sie so formuliert ist, daß sie aus rein logischen Gründen gar nicht falsifiziert werden kann. Ein Beispiel ist die Wetterregel von oben. Eine *faktisch unüberprüfbare* Hypothese ist zwar prinzipiell kritisierbar, die Überprüfung scheitert aber aus faktischen Gründen, z.B. weil Begriffe zu vage sind, oder derzeit noch nicht operationalisierbar (vgl.2.6.3).

Zur «Ehrenrettung» der Psychoanalyse sei angemerkt, daß die oben besprochene Hypothese auch faktisch kritisierbar wird, wenn es gelingt, die zweite Hypothese, daß eine Reaktionsbildung stattgefunden hat, *unabhängig* zu prüfen.

2.6.3 Operationalisierbarkeit

Eine Hypothese ist **operationalisierbar**, wenn den Begriffen, die in ihr vorkommen, beobachtbare Daten zugeordnet werden können.

Die Hypothesen 1 bis 7 aus dem Abschnitt 2.1 sind alle operationalisierbar. So kommt z.B. in der Hypothese zum Lernen am Modell der Begriff *aggressives Verhalten* vor. Diesem Begriff können beobachtbare Sachverhalte zugeordnet werden, z.B. beschimpfen, schlagen, anrempeln, anspucken, etc. Wie man an diesem Beispiel sieht, kann es für einen bestimmten Begriff durchaus mehrere verschiedene Operationalisierungsmöglichkeiten geben. Dem Begriff *Kopf-Füßler* können ebenfalls beobachtbare Daten zugeordnet werden, nämlich (materiell existierende) Zeichnungen mit bestimmten Merkmalen.
Wir werden uns mit dem Problem der Operationalisierung in Kapitel 4.2 noch ausführlich auseinandersetzen.

Die Operationalisierbarkeit einer Hypothese ist eine Voraussetzung für ihre Prüfung. Sind die Begriffe einer Hypothese nicht operationalisierbar, kann sie nicht überprüft werden, auch wenn sie prinzipiell kritisierbar ist.
So ist die folgende Hypothese derzeit nicht prüfbar: Im menschlichen Gehirn haben spezielle Nervenzellen die Aufgabe, moralische Bewertungen vorzunehmen. Die Kritisierbarkeit dieser Hypothese scheitert an der mangelnden Operationalisierbarkeit. Es ist eben derzeit nicht möglich, bei *einzelnen* Nervenzellen (direkt oder indirekt) zu beobachten, ob sie

moralische Bewertungen durchführen oder nicht. Dies schließt nicht aus, daß man das vielleicht irgendwann in der Zukunft einmal kann. In der Gegenwart aber ist diese Hypothese nicht operationalisierbar und daher auch nicht prüfbar.

2.6.4 Aufstellung der Hypothese *vor* der Überprüfung

Damit man sinnvollerweise von der *Prüfung* einer Hypothese reden kann, muß diese Hypothese **vor** der Überprüfung aufgestellt werden, d.h. bevor man die relevanten Daten kennt.

Warum es notwendig ist, eine Hypothese *vor* der Prüfung aufzustellen, will ich mit der Zeichnung in *Abbildung 2* klarmachen: Wahrscheinlich sind Sie ebenfalls nicht mit der Methode einverstanden, mit der Robert F. Hood seine Treffsicherheit «nachweist». Der kritische Punkt ist, daß R.F. Hood nicht vorher bekannt gegeben hat, welchen Punkt er als Ziel ausgewählt hat. Wir wissen also auch nach der Prüfung nicht, ob R.F. Hood ein miserabler Bogenschütze ist, oder ob seine Hypothese stimmt und er immer trifft, was er will.
In analoger Weise verhält es sich bei der Prüfung von wissenschaftlichen Hypothesen. Es geht dabei nicht nur darum, andere Leute zu überzeugen. Der Forscher prüft die Hypothese ja auch für sich und sollte daher Täuschungsmöglichkeiten, etc., soweit wie möglich ausschalten. Kennt man die Daten schon im Vorhinein, kann man die Chance, einen möglichen Irrtum zu erkennen, nicht ausnutzen. Daher kann man in einem solchen Fall auch nicht von *Prüfung* reden.

Abschließend sei noch einmal betont, daß man bei der Hypothesen*bildung* sehr häufig von bereits bekannten Daten ausgeht. Man benützt also bereits vorliegende Ergebnisse, um sich zu neuen Hypothesen anregen zu lassen. Dagegen gibt es nicht nur keinen Einwand, sondern es wäre geradezu absurd, wenn man das bereits gesammelte Wissen nicht ausnützen würde. Wichtig ist allerdings, daß man zur Prüfung der so gewonnenen Hypothesen neue – d.h. vorher unbekannte – Daten heranzieht, indem man eine weitere empirische Untersuchung (z.B. ein Experiment) durchführt.

2.7 Qualitätskriterien für die Hypothese und die Überprüfung

Auch die hier behandelten Qualitätskriterien gelten allgemein für Hypothesen und ihre empirische Überprüfung. Sie sind nicht an eine spezielle Methode (wie z.B. das Experiment) gebunden.

Abbildung 2: Warum eine Hypothese *vor* der Prüfung aufgestellt werden muß.

2.7.1 Möglichst hoher empirischer Gehalt

Der **empirische Gehalt** einer Hypothese gibt an, wie informativ sie ist. Eine unkritisierbare Hypothese enthält keinerlei Information und hat daher keinen empirischen Gehalt.
Der empirische Gehalt (Informationsgehalt) einer Hypothese ist umso größer, je größer die Zahl der Falsifikationsmöglichkeiten ist.

Dies kann man sich anhand eines einfachen Beispiels überlegen:
Die Hypothesen H1 bis H5 behaupten eine gesetzmäßige Beziehung zwischen der Einnahme von Alkohol und der Reaktionszeit. Die *Reaktionszeit* RZ ist die Zeit, die vom Einsetzen eines Signales (z.B.: Aufleuchten des Bremslichtes des Wagens, der vor mir fährt) bis zur Ausführung einer vorher bestimmten Reaktion (z.B. ich trete auf das Bremspedal meines Wagens) vergeht. Die Versuchsperson sitzt z.B. vor einer Tafel und muß möglichst rasch mit dem rechten Fuß ein Fußpedal durchtreten, wenn eine auf einer Tafel befestigte Signallampe aufleuchtet.

RZ(A)... Reaktionszeit bei Einnahme von Alkohol
RZ(O)... Reaktionszeit ohne Alkohol
H1 Bei Einnahme von acht Gramm Alkohol pro zehn Kilogramm Körpergewicht beträgt die RZ(A) das 2,7 bis 2,8fache der RZ(O).
H2 Bei Einnahme von acht Gramm Alkohol pro zehn Kilogramm Körpergewicht beträgt die RZ(A) das zwei- bis dreifache der RZ(O).
H3 Bei Einnahme von acht Gramm Alkohol pro zehn Kilogramm Körpergewicht verlängert sich die RZ(A) gegenüber der RZ(O).
H4 Bei Einnahme von acht Gramm Alkohol pro zehn Kilogramm Körpergewicht verändert sich die RZ(A) gegenüber der RZ(O).
H5 Bei Einnahme von acht Gramm Alkohol pro zehn Kilogramm Körpergewicht verlängert sich die RZ(A) gegenüber der RZ(O), oder sie verkürzt sich oder sie bleibt gleich.

Nehmen wir an, RZ(O) sei 0,5 Sekunden.
Betrachten wir einige mögliche Ergebnisse:
El RZ(A) = 1,36 Sekunden, d.h.RZ(A)/RZ(O) = 2,72.
E2 RZ(A) = 1,1 Sekunden, d.h.RZ(A)/RZ(O) = 2,2.
E3 RZ(A) = 1,8 Sekunden, d.h. RZ(A) ist länger als RZ(O).
E4 RZ(A) = 0,3 Sekunden, d.h.RZ(A) $\neq$ RZ(O).
E5 RZ(A) = 0,5 Sekunden,d.h.RZ(A) = RZ(O).

Stellen wir nun fest, welche der Hypothesen Hl bis H5 durch das jeweilige Ergebnis bestätigt (+) bzw. falsifiziert (–) wird.

Wie man der *Tabelle 2* entnehmen kann, kann Hl am leichtesten falsifiziert werden. Nämlich dann, wenn RZ(A) kleiner als 2,7 mal RZ(O) bzw. größer als 2,8 mal RZ(O) ist.

Tabelle 2: Bestätigung bzw. Falsifikation der Hypothesen H1 - H5 in Abhängigkeit von den Ergebnissen E1 - E5.

\+ . . . Hypothese wird bestätigt
\- . . . Hypothese wird falsifiziert

	Mögliche Ergebnisse				
	E1	E2	E3	E4	E5
			RZ (0) = 0.5 sec		
			RZ (A) =		
	1.36 sec	1.1 sec	1.8 sec	0.3 sec	0.5 sec
H1 $2.7 \times RZ(0) < RZ(A) < 2.8 \times RZ(0)$	+	-	-	-	-
H2 $2 \times RZ(0) < RZ(A) < 3 \times RZ(0)$	+	+	-	-	-
H3 $RZ(A) > RZ(0)$	+	+	+	-	-
H4 $(A) \neq RZ(0)$	+	+	+	+	-
H5 $RZ(A) \gtreqless RZ(0)$	+	+	+	+	+

H1 hat daher den höchsten empirischen Gehalt der Hypothesen H1 bis H5. Von H1 bis H5 nimmt der empirische Gehalt ab, H5 ist *immer* wahr und hat daher überhaupt keinen Informationsgehalt mehr.
Da also ein höherer empirischer Gehalt mehr Information bringt, ist man in der Wissenschaft an Hypothesen mit möglichst hohem empirischen Gehalt interessiert.
Ziel der Wissenschaft ist es, empirische Hypothesen zu sammeln, die einerseits einen möglichst hohen empirischen Gehalt *und* andererseits einen möglichst hohen Bewährungsgrad haben.

2.7.2 Möglichst strenge Prüfung

Die empirische Prüfung einer Hypothese sollte möglichst streng sein, d.h. es sollte möglichst ernsthaft versucht werden, die geprüfte Hypothese zu falsifizieren bzw. ihren Bestätigungsgrad zu senken.
Wird die Hypothese bei einer sehr strengen Prüfung bestätigt, so ist ihr Bewährungsgrad größer als wenn sie nur bei einer wenig strengen Prüfung bestätigt werden konnte.

Die unterschiedliche Strenge von Prüfungen sei mit einem einfachen Beispiel im Zusammenhang mit der Hypothese vom massierten und verteilten Lernen illustriert: Nehmen wir an, diese Hypothese sei noch recht

neu. Bisher gäbe es erst drei empirische Prüfungen: Bei einer wurden französische Vokabeln als Lehrmaterial verwendet, bei der zweiten polnische und bei der dritten japanische. Bei allen drei Untersuchungen sei die Hypothese bestätigt worden. Nun wird eine vierte empirische Überprüfung geplant. Nehmem wir der Einfachheit halber an, es stünden nur zwei Typen von Lernaufgaben zur Diskussion: Das Lernen von englischen Vokabeln und das Lernen eines elektronischen Geschicklichkeitsspieles (*Star Wars*). Entschließt man sich hier, das Geschicklichkeitsspiel als Lernaufgabe zu verwenden, so erreicht man eine strengere Prüfung. Bei den bisherigen Prüfungen wurden ausschließlich Vokabeln als Lernmaterial eingesetzt und die Hypothese wurde bewährt. Verwendet man nun wieder Vokabeln, ist die Chance für eine Falsifikation geringer, als wenn man einen völlig neuen Aufgabentyp mit anderen Komponenten (z.B. motorische Geschicklichkeit) heranzieht. Es könnte ja durchaus sein, daß die Hypothese gar nicht für *alle* Typen von Lernmaterial gültig ist, sondern lediglich für verbales Material.
Es ist allerdings oft sehr schwierig, zu entscheiden, welche von zwei Prüfungen die strengere ist.

Von manchen Autoren (z.B. Holzkamp, 1972) wird eingewendet, die Forderung nach einer möglichst strengen Prüfung sei unrealistisch. Ein Forscher, der eine Hypothese aufgestellt hat, würde sich – unbewußt – dage-

gen sperren, sein «Kind» einer sehr strengen Prüfung zu unterziehen und so seine «Vernichtung» (Falsifikation) zu riskieren.

Selbst wenn dieses Argument allgemein zutreffen sollte, so ist es doch nicht stichhaltig, weil es nämlich einen wichtigen Aspekt der Wissenschaft übersieht: Wissenschaft und damit auch die Hypothesenprüfung ist *auch* ein sozialer Prozeß. Wenn eine Hypothese nur einigermassen interessant ist, ruft sie auch andere Wissenschaftler auf den Plan. Selbst wenn der Vater oder die Mutter einer Hypothese eine «Beißhemmung» gegenüber dem eigenen Geisteskind haben sollte, andere Forscher haben diese Hemmung nicht.

Immerhin kann man sich in der Wissenschaft durchaus einen Namen machen, wenn man eine bisher akzeptierte Hypothese falsifiziert. So wird durch den sozialen Kontext, in den die Hypothesenprüfung eingebettet ist, die Strenge der Prüfung gefördert.

Kapitel 3: Die Grundidee des Experimentierens

In diesem Kapitel will ich die wesentlichen Unterschiede zwischen experimenteller und nichtexperimenteller Forschung herausarbeiten, und die Grundideen der experimentellen Methodik klären. Abschließend werde ich die wichtigsten Arten von Experimenten kurz charakterisieren.

Mit einem Experiment werden in der Regel **universelle Hypothesen** geprüft. Ich werde dies in allen folgenden Kapiteln voraussetzen, solange nicht explizit etwas Gegenteiliges gesagt wird.

3.1 Experimentelle – nichtexperimentelle Forschung

Der wesentliche Unterschied zwischen der experimentellen und der nicht-experimentellen Forschung ist der, daß der **Experimentator** – das ist der Forscher, der ein Experiment durchführt – beim Experiment aktiv und gezielt in das Geschehen eingreift, bei einer der nicht-experimentellen Forschungsmethoden dagegen nicht.
Ein **Experiment** ist durch zwei Bedingungen charakterisiert:

(1) Der Experimentator variiert systematisch mindestens eine Variable, und registriert, welchen Effekt diese aktive Veränderung bewirkt.
(2) Gleichzeitig schaltet er die Wirkung von anderen Variablen aus (mit einer der Techniken zur Kontrolle von Störvariablen).

Betrachten wir das am Beispiel des massierten und verteilten Lernens. Zur Erinnerung: Die Hypothese behauptet, daß Lernen mit Pausen (verteiltes Lernen) wirksamer ist als Lernen ohne Pausen (massiertes Lernen).
Bei der *nicht-experimentellen* Forschung (ein Beispiel ist die Korrelationsforschung) würde man *ohne Einzugreifen* z.B. Menschen beobachten, die einen bestimmten Stoff lernen müssen, etwa Fahrschüler, die sich auf die theoretische Prüfung vorbereiten. Die Forscherin würde registrieren, welche dieser Fahrschüler Pausen machen und welche nicht. Ebenso würde sie den Lernerfolg dieser Schüler registrieren, z. B. indem sie feststellt, wieviele Fehler jeder Fahrschüler bei der theoretischen Prüfung macht. Schließlich würde sie prüfen, ob die Fahrschüler, welche beim Lernen Pausen gemacht hatten, einen höheren Lernerfolg aufweisen als die, die keine Pausen eingelegt hatten. Je nach Ergebnis wäre die Hypothese bestätigt oder nicht.
Bei einer *experimentellen* Prüfung dieser Hypothese bittet die Experimentatorin ganz gezielt einen Teil der Fahrschüler, beim Lernen Pausen einzulegen, und den anderen Teil, ohne Pausen durchzulernen. Darüber hinaus versucht sie, die Wirkung anderer Variablen auszuschalten oder

zu neutralisieren. Sie würde z. B. darauf achten, daß die reine Lernzeit bei beiden Gruppen gleich lang dauert, daß nicht in einer Gruppe hauptsächlich diejenigen zusammengefaßt sind, die der Stoff überhaupt nicht interessiert, daß bei allen Prüflingen die Prüfer gleich freundlich oder unfreundlich sind, usw. Wenn die Wirkung der anderen Variablen ausgeschaltet werden kann, dann kann ein beobachteter Unterschied im Lernerfolg ausschließlich auf die veränderte Variable zurückgeführt werden, also auf das Vorhandensein oder Nichtvorhandensein einer Pause.

Bei der nicht-experimentellen Forschung ist ein derartiger Schluß nicht möglich (ohne sehr weitgehende Zusatzannahmen). Wenn man nur passiv beobachtet, kann man nicht ausschließen, daß sich die Fahrschüler, die beim Lernen Pausen machen, auch in anderen Variablen systematisch von denen unterscheiden, die das nicht tun. Es wäre ja immerhin denkbar, um nur eine einzige Variable herauszugreifen, daß die Anwendung effektiverer Lerntechniken (wie das Einfügen von Pausen) mit der Intelligenz zusammenhängt. Es wären dann die Fahrschüler mit den Pausen auch die mit der höheren Intelligenz. Kann man einen Unterschied im Lernerfolg beobachten, ist natürlich nicht klar, ob er auf die Intelligenz oder die Pausen zurückzuführen ist.

Ein Experiment ermöglicht es also, das zu untersuchen, was man in der wissenschaftlichen Alltagssprache **Ursache-Wirkung** oder **Kausalität** nennt.[1] In unserem Beispiel wäre also das Einschieben einer Pause die Ursache für den besseren Lernerfolg, bzw. das Fehlen einer Pause die Ursache für den schlechteren.
Bei der Untersuchung der Hypothese 1 könnten wir prüfen, ob die Beobachtung eines aggressiven Modelles *eine* der Ursachen für aggressives Verhalten ist, usw.

Es sei noch einmal betont: Es genügt nicht, daß der Experimentator eine oder mehrere Variablen gezielt verändert. Damit Aussagen über Ursache und Wirkung gemacht werden können, muß unbedingt auch die Wirkung der anderen Variablen ausgeschaltet werden.

Obwohl das Experiment für die Erforschung von Ursache-Wirkungs-Beziehungen die effektivste Methode ist, hat die nicht-experimentelle Forschung große Bedeutung in der Psychologie. Dies deswegen, weil Forscher bei vielen Fragestellungen gar nicht in der Lage sind, *aktiv* im Sinne des Experimentes Variablen zu verändern. Dafür können rein praktische Gründe verantwortlich sein, aber auch ethisch/moralische.
Eine Wirtschaftspsychologin will z. B. den Einfluß von Föhn auf die Arbeitsqualität untersuchen. Ein Experiment ist hier nicht möglich, da es

1 Kausalität ist ein wissenschaftstheoretisch ziemlich komplexes Konzept, eine zusammenfassende Darstellung finden Sie z.B. bei Speck(1980).

nicht in der Macht von Wissenschaftlern steht, Wetterbedingungen wie den Föhn nach Belieben zu verändern.
Um den Einfluß zu untersuchen, den die Trennung eines Säuglings von seiner Mutter hat, könnte man zwar theoretisch ein Experiment durchführen, glücklicherweise verbieten aber die ethischen Standards unserer Gesellschaft solche Machinationen.
Bei derartigen Fragestellungen haben Forscher gar keine andere Möglichkeit, als eine nicht-experimentelle Methode einzusetzen, z. B. eben die Korrelationsforschung. Man müßte also beispielsweise die Arbeitsqualität an Föhntagen und an Tagen ohne Föhn beobachten und miteinander vergleichen. Ob aber ein bestimmter Tag ein Föhntag ist oder nicht, hängt nur von den Wetterbedingungen ab, denen man als Psychologe ohnmächtig ausgeliefert ist. Auch bei der Prüfung der Hypothese mit den Kopf-Füßlern (Hypothese 2) kann der Untersucher das Alter der Kinder natürlich nicht aktiv verändern, sondern er muß passiv die natürliche Altersvariation ausnützen.

Experimentelle und nicht-experimentelle Forschung sind also nicht unbedingt Rivalen, sondern Partner, die für unterschiedliche Aufgabenbereiche geeignet sind und sich so gegenseitig ergänzen.

3.2 Typen von Variablen im Experiment

Bevor ich auf die grundlegenden Möglichkeiten näher eingehe, wie man die Wirkung von Variablen ausschaltet, möchte ich einige wichtige Bezeichnungen einführen. Diese werden uns nicht nur die weitere Diskussion erleichtern, sie sind darüberhinaus methodische Basisvokabeln, die Sie überall in der psychologischen Literatur ohne weitere Erklärung finden werden, meist auch in Form von Abkürzungen.

Unabhängige Variable (UV, englisch: independent variable, IV): So wird eine Variable genannt, die vom Experimentator aktiv verändert wird. Besonders bei Experimenten, bei denen mehrere UVn im Spiel sind, findet man statt *Unabhängige Variable* oft die Bezeichnungen *Behandlung* (treatment), gelegentlich auch *Faktor* (factor). Die Stufen der UV oder – bei mehreren UVn (vgl. 5.2) – Kombinationen von UV-Stufen werden auch *Bedingungen* oder *experimentelle Bedingungen* genannt (vgl. 2.3).

Abhängige Variable (AV, englisch: dependent variable, DV): Dies ist eine Variable, bei der der Effekt der UV beobachtet werden soll. Die «Reaktion» der AV ist also das Ereignis, das vorhergesagt wird (vgl. 2.3).

Versuchen Sie bitte, bevor Sie weiterlesen, bei den Beispielen, die wir vorher besprochen haben, die UV und die AV zu identifizieren.
Bitte bedenken Sie in diesem Zusammenhang, daß eine UV in einem Experiment unbedingt mindestens zwei Stufen haben muß. Es ist also beim

massierten und verteilten Lernen nicht die Pause die UV (das wäre ja nur eine einzige Stufe), sondern das Einfügen oder Nichteinfügen einer Pause. Bei einem Experiment zur Überprüfung der Hypothese 1 über die Aggression wäre die Beobachtung oder Nichtbeobachtung eines aggressiven Modelles die UV.

Störvariable (englisch oft: extraneous variable): Diese Bezeichnung dient für eine Variable, die (zumindest vermutlich) ebenfalls die AV beeinflußt, deren Wirkung aber im momentanen Experiment neutralisiert werden soll, weil sie den Effekt der UV stören würde.

Der Term *Störvariable* ist nicht abwertend gemeint. Was in dem einen Experiment als Störvariable unwirksam gemacht wird, steht vielleicht in einem anderen als UV im Zentrum der Untersuchung. So ist z.B. das Interesse der Fahrschüler am Stoff der theoretischen Prüfung in unserem vorher skizzierten Experiment eine Störvariable, deren Wirkung ausgeschaltet werden soll. Die Auswirkung des Interesses am Lehrstoff auf den Lernerfolg ist aber sicher ebenfalls eine interessante Fragestellung. Es sei noch einmal hervorgehoben, daß in einer wissenschaftlichen Untersuchung keineswegs alle beliebigen Variablen als Störvariablen behandelt werden (also z.B. auch die Länge der Zehennägel), sondern nur diejenigen, die man in dem untersuchten Bereich für relevant hält. Im Experiment wären das die Variablen, welche vermutlich einen Effekt auf die AV haben. Im Zweifelsfall ist es freilich besser, eine Variable vorsichtshalber als Störvariable zu betrachten.

Versuchsperson (Vp, Mehrzahl: Vpn, englisch: subject, S) nennt man einen Menschen, der an einem Experiment oder an einer anderen wissenschaftlichen Untersuchung teilnimmt. Ein Tier, das das gleiche tut, heißt *Versuchstier* (Vt).

Versuchsleiter (Vl) ist ein Wissenschaftler, der ein Experiment oder eine andere wissenschaftliche Untersuchung durchführt.
Bei einem Experiment sind die Bezeichnungen *Experimentator* und *Versuchsleiter* austauschbar.

Um das bisher Gesagte mit diesen neuen Begriffen auszudrücken:
Bei einem Experiment verändert der Vl aktiv (mindestens) eine UV und beobachtet die Wirkung dieser Veränderung an (mindestens) einer AV. Gleichzeitig schaltet er die Wirkung der Störvariablen aus.
Mit dieser Forschungsmethode kann man Hypothesen prüfen, die eine kausale Beziehung zwischen UV (als Ursache) und AV (als Wirkung) behaupten. Wir werden später sehen (Kapitel 5), daß man in einem Experiment gleichzeitig die Wirkung *mehrerer* UVn untersuchen kann.

3.3 Grundprinzipien der Kontrolle von Störvariablen

Störvariablen kann man entweder als UV in das Experiment mit einbeziehen (und damit ihre Wirkung aktiv erforschen), oder man muß sie kontrollieren. Eine Störvariable **kontrollieren** heißt, ihre Wirkung auszuschalten. Zur Kontrolle von Störvariablen gibt es zwei prinzipielle Möglichkeiten:

(1) Man sorgt dafür, daß die Störvariable während des gesamten Experimentes den gleichen Wert hat, hält die Störvariable also konstant. Es erhalten z.B. alle Vpn den gleichen Lernstoff, die genau gleiche Gesamtzeit zum Lernen, es werden nur Vpn mit gleicher Intelligenz, Lernmotivation, etc. herangezogen, alle Vpn werden zur gleichen Tageszeit geprüft, usw. Wenn alle Vpn z.B. die gleiche Gesamtzeit zum Lernen zur Verfügung haben, kann sich diese Lernzeit bei den Vpn, die eine Pause einlegen, und bei denen, die das nicht tun, nicht unterschiedlich auswirken. Die Wirkung dieser Störvariable ist daher neutralisiert. Diese Technik kann nicht bei *allen* Störvariablen eingesetzt werden. Selbst wenn alle Fahrschüler vom gleichen Prüfer geprüft werden, der hervorragend darauf trainiert ist, sich allen Prüflingen gegenüber genau gleich zu verhalten, so ist z.B. nicht zu verhindern, daß der gleiche Prüfer vielleicht einer Vp durchaus sympathisch vorkommt, während er einer anderen Vp höchst unsympathisch ist, weil er sie an ihren verabscheuten Geschichte-Lehrer erinnert.
Freilich ist es nicht in allen Fällen optimal, eine Störvariable konstant zu halten, auch wenn dies möglich wäre. Nehmen wir an, an dem Lernexperiment hätten ausschließlich Vpn mit einem Intelligenzquotienten zwischen 125 und 130 teilgenommen. Dieser Bereich entspricht einer sehr hohen Intelligenz und ist in der Gesamtbevölkerung schon entsprechend selten. Probleme ergeben sich bei der Verallgemeinerung des Ergebnisses unseres Experimentes. Wenn man nur ganz enge Wertestufen einer Stör-

variable in das Experiment einbezogen hat, kann man nicht mit gutem Gewissen auf die anderen Stufen dieser Variablen generalisieren (verallgemeinern). Es wäre ja durchaus möglich, daß die Hypothese zwar im Bereich der sehr hohen Intelligenz gilt, im Bereich der durchschnittlichen und unterdurchschnittlichen jedoch nicht (oder umgekehrt). Für die Verallgemeinerung des Ergebnisses ist es günstiger, möglichst viele Wertestufen der Störvariablen einzubeziehen.

(2) Die Wirkung einer Störvariable kann man auch dadurch neutralisieren, daß man nicht eine einzige Stufe der Störvariable konstant hält, sondern mehrere verschiedene Stufen der Störvariable *zufällig* mit den Stufen der UV kombiniert.
Um bei unserem Beispiel zu bleiben: Wir würden nicht nur Vpn mit einem Intelligenzquotienten zwischen 125 und 130 für das Experiment auswählen, sondern möglichst aus dem gesamten Spektrum der Intelligenz. Wir würden die Vpn mit einem Zufallsverfahren (z.B. durch das Werfen einer Münze) auf die beiden Gruppen (mit/ohne Pause) aufteilen. Auf diese Weise würde die Gruppe, welche mit Pausen lernt, ebenso hoch, durchschnittlich und unterdurchschnittlich intelligente Vpn umfassen wie die Gruppe, die ohne Pausen arbeitet. Wenn diese beiden Gruppen einen unterschiedlichen Lernerfolg erzielen, kann nicht die Störvariable *Intelligenz* die Ursache sein.
Freilich hat auch dieses Verfahren einen Nachteil: Der Zufall ist ein machmal unsicherer Verbündeter: So wie ein Pokerspieler alle vier Asse erhalten kann - auch wenn dies selten geschieht, so kann es auch bei einer zufälligen Aufteilung der Vpn passieren, daß sich z.B. in der Gruppe mit Pause alle höher intelligenten sammeln, und in der Gruppe ohne Pause die niedriger intelligenten. Je geringer die Zahl der Vpn, desto größer ist die Gefahr für deutlich ungleiche Gruppen.

Im Kapitel 4.4 werden wir eine Reihe von Verfahren zur Kontrolle von Störvariablen besprechen, die auf diesen beiden prinzipiellen Möglichkeiten aufbauen.

3.4 Arten von Experimenten

In der Fachliteratur werden Sie einer ganzen Reihe von verschiedenen Einteilungen von Experimenten begegnen, denen aber z.T. höchst unterschiedliche Einteilungskriterien zugrunde liegen. Ich halte es daher für sinnvoll, die wichtigsten Arten von Experimenten und das jeweils dazugehörige Einteilungskriterium zusammenzustellen.

3.4.1 Einteilung nach dem Ziel

Dieses Klassifikationskriterium teilt Experimente nach dem Ziel ein, das mit ihnen verfolgt wird. Im wesentlichen unterscheidet man drei Typen: Prüfexperimente, Erkundungsexperimente und Vorexperimente.

Prüfexperimente haben das Ziel, eine oder mehrere Hypothesen zu prüfen. Wenn ohne nähere Kennzeichnung von einem *Experiment* gesprochen wird, ist üblicherweise ein Prüfexperiment gemeint.

Mit einem **Erkundungsexperiment** wird das Ziel verfolgt, Daten zu sammeln, welche die Bildung einer neuen Hypothese gestatten. Man variiert also eine UV (oder mehrere), noch ohne Hypothesen formuliert zu haben, um zu erkunden, wie die AV darauf reagiert. Allgemein wird eine empirische Untersuchung mit Erkundungsabsicht **pilot study** genannt.

Ein **Vorexperiment** ist ein (meist kleines) Experiment, das im Rahmen der Planung eines (Prüf- oder Erkundungs-)Experimentes durchgeführt wird. Sein Zweck ist die Erprobung und Verbesserung der Durchführung des Experimentes, der Operationalisierungstechniken, etc.

3.4.2 Einteilung nach der Zahl der UVn

In einem Experiment kann eine einzige UV untersucht werden oder mehrere gleichzeitig.
Je nachdem unterscheidet man **einfaktorielle** (*unifaktorielle*) Experimente und **mehrfaktorielle** (*multifaktorielle*). Ich werde auf diese Unterscheidung in Kapitel 5 noch genauer eingehen.

3.4.3 Einteilung nach der Zahl der AVn

In einem Experiment kann eine einzige AV untersucht werden oder mehrere gleichzeitig.
Entsprechend unterscheidet man **univariate** und **multivariate** Experimente.
So könnte man bei der Untersuchung von Entscheidungen als eine AV die von der Vp verwendeten Entscheidungsstrategien definieren, als zweite AV die Entscheidungszeit, und als dritte AV die Entscheidungssicherheit.
Für die statistische Auswertung derartiger multivariater Versuchspläne gibt es eigene Methoden (z.B. multivariate t-Tests, multivariate Varianzanalysen, vgl. z. B. Cattell, 1966), die auch in einigen Statistikprogrammpaketen enthalten sind (z. B. SPSS oder SYSTAT).

Häufig werden Experimente mit mehreren AVn für jede AV einzeln ausgewertet, d.h. man zerlegt sozusagen einen multivariaten Versuchsplan in mehrere univariate. Dies ist aber eine nicht-optimale Lösung, weil man so die Wechselbeziehungen zwischen AVn nicht erforschen kann. Ich werde auf multivariate Experimente nicht mehr weiter eingehen.

3.4.4 Labor- und Feldexperimente

Diese Unterscheidung betrifft die Frage, ob ein Experiment im Labor oder im Feld durchgeführt wird.
Mit **Labor** ist dabei üblicherweise ein spezieller Untersuchungsraum in einem Institut gemeint, mit **Feld** die natürliche Umwelt der Vpn, also z.B. eine Schule, ein Betrieb, die Wohnung der Vp, etc.
Eine nicht-experimentelle Untersuchung im Feld heißt **Feldstudie**.

Im *Labor* hat der Vl üblicherweise bessere Kontrolle über die Störvariablen und Operationaliserung von UV und AV. Problematisch kann aber bei Laboruntersuchungen die Generalisierbarkeit auf natürliche Situationen werden. So können Lernexperimente aus dem Labor nicht unbedingt auf die Situation in der Schule übertragen werden. Allgemein kann man sagen, daß die Generalisierbarkeit auf eine spezielle natürliche Situation dann gewährleistet ist, wenn das Laborexperiment die kritischen Variablen dieser natürlichen Situation einbezieht. Wenn z.B. in einem Laborexperiment ausschließlich Listen von sinnlosen (bedeutungsleeren) Silben gelernt werden müssen (z.B.: QEC, NÖK), dann sind die Resultate nicht ohne weiteres auch auf das Lernen eines bedeutungsvollen komplexen Stoffes (z.B. Aufbau und Funktion eines Windgenerators) übertragbar.
Im *Feld* ist andererseits die Kontrolle der Störvariablen in der Regel schwieriger. Auch die Operationalisierung von UV und AV ist im Feld oft mit Problemen verbunden (z.B. die Operationalisierung von Denkprozessen beim Problemlösen). Dafür ist das Ergebnis eines Feldexperimentes für die Anwendung in der speziellen natürlichen Situation und ähnlichen direkter verwertbar. Allerdings ist die Kontrolle der Störvariablen eine Voraussetzung für die Generalisierbarkeit des Ergebnisses (siehe dazu auch 4.8.3).

Die Unterscheidung zwischen Labor- und Feldexperimenten betrifft die *Künstlichkeit* der Untersuchungssituation. Diese Unterscheidung ist eher grob und kann weiter differenziert werden. So unterscheidet Tunnell (1979) drei Aspekte der Künstlichkeit:
(1) Die Manipulation bzw. Nichtmanipulation von UVn. Dies ist also die Unterscheidung zwischen Experiment und Nichtexperiment. Ein Experiment ist künstlicher als eine der nichtexperimentellen Forschungsformen, weil der Forscher eben aktiv in das natürliche Geschehen eingreift.

(2) Der Ort der Untersuchung (Labor oder Feld). Eine Untersuchung im Labor ist künstlicher als eine im Feld.
(3) Natürliches Verhalten oder instruiertes Verhalten der Vp. *Instruiertes Verhalten* meint ein Verhalten der Vp, das ohne ausdrückliche Instruktion nicht auftreten würde. Ein Beispiel ist die Methode des Gleichzeitigen Lauten Denkens, die z.B. in der Forschung zum Problemlösen große Bedeutung gewonnen hat (vgl. z.B. Ericson & Simon, 1984). Dabei wird die Vp instruiert, alles laut auszusprechen, was ihr beim Lösen eines Problems (z.B. einer Schachaufgabe) «durch den Kopf geht». Dies tun Problemlöser (z.B. Schachspieler) üblicherweise nicht. Eine Untersuchung mit instruiertem Verhalten ist künstlicher als eine solche mit natürlichem Verhalten. Für die Generalisierbarkeit des Ergebnisses ist es wichtig, ob durch die Instruktion die Aspekte des natürlichen Verhaltens verändert werden, die für die konkrete Untersuchung relevant sind. Dies kann aber empirisch überprüft werden.

Die Frage, ob der Experimentator die UV manipuliert oder nicht, kann für jede Untersuchung «absolut» bestimmt werden. Ob aber ein bestimmtes Verhalten natürlich ist oder nicht, und ob eine bestimmte Umgebung natürlich (d.h. Feld) ist oder nicht, kann stets nur relativ zu einer Vp bestimmt werden.
Für eine intensive Auseinandersetzung mit dem Thema der Labor- und Feldforschung bzw. der Künstlichkeit von wissenschaftlichen Untersuchungen empfehle ich Ihnen z.B. Gachowetz (1993) und Patry (1981).

3.4.5 Echte Experimente und Quasi-Experimente

Bei einem (echten) Experiment ist der Vl in der Lage,
(1) mindestens eine UV aktiv zu variieren, und
(2) die Wirkung der relevanten Störvariablen auszuschalten.

Bei einem **Quasi-Experiment** ist die zweite Bedingung nicht erfüllt. Meistens kann der Vl bei einem solchen Experiment nicht zufällig festsetzen, welche Vp welcher Stufe der UV ausgesetzt wird.
Ein typisches Anwendungsgebiet für Quasi-Experimente ist die Betriebspsychologie. Ein Betriebspsychologe kann z.B. in Zusammenarbeit mit der Firmenleitung in einer Filiale des Betriebes die gleitende Arbeitszeit (als UV-Stufe) einführen, in der anderen nicht. Er kann aber die Mitarbeiter nicht zufällig auf die beiden Filialen aufteilen.

Ich werde mich mit Quasi-Experimenten in Kapitel 8 noch etwas ausführlicher beschäftigen.

Kapitel 4: Die wichtigsten Schritte bei einem Experiment

In diesem Kapitel werde ich die wichtigsten Schritte bei der Planung und Durchführung eines Experimentes besprechen. Mit Ausnahme vielleicht von Schritt 4 (Versuchsplanung) sind diese Schritte und die mit ihnen verbundenen Probleme keineswegs spezifisch für die Experimentalpsychologie, sondern sind für *alle* empirischen Methoden der Hypothesenprüfung (z.B. auch die Korrelationsforschung) relevant. Einige der Abschnitte haben auch für die psychologische Praxis Bedeutung. So ist z.B. die mit der Instruktion (Abschnitt 4.7.5) verbundene Problematik überall dort aktuell, wo Psychologen im Rahmen ihrer fachlichen Tätigkeit einer anderen Person Anweisungen geben.

4.1. Überblick

(1) Fragestellung

Ein Experiment beginnt – wie andere wissenschaftliche Untersuchungen auch – im allgemeinen mit einer Fragestellung, d.h. mit einer unbeantworteten Frage.
Eine Fragestellung ist in der Regel am Anfang noch eher breit und vage formuliert, sie wird in einem länger dauernden Prozeß präzisiert. Die Präzisierung geht meistens Hand in Hand mit der Auseinandersetzung mit den bisherigen theoretischen und empirischen Forschungsergebnissen.
Nehmen wir beispielsweise an, wir wären daran interessiert, welche Ursachen es für aggressives Verhalten gibt. Dies wäre eine sehr generelle Fragestellung. Nach dem Studium der bisherigen Forschungsergebnisse könnten wir diese Fragestellung z.B. so präzisieren, daß sie nun lautet: Welchen Einfluß hat ein Vorbild (Modell) auf das aggressive Verhalten.

(2) (Sach)Hypothesen

Im nächsten Schritt wird die Hypothese formuliert. Grundlagen für die Formulierung von Hypothesen sind die bisherigen Forschungsergebnisse, die man in der Fachliteratur gesammelt findet, theoretische Überlegungen, aber auch empirische Beobachtungen. Wir haben den Prozeß der Hypothesenbildung im Kapitel 2 bereits besprochen.
In unserem Beispiel könnte die Sachhypothese lauten:

Wenn eine Person A beobachtet, daß sich eine Person B (Modell) in einer bestimmten Situation S aggressiv verhält, dann steigt die Wahrscheinlichkeit, daß sich Person A in Situation S ebenfalls aggressiv verhält (siehe Kapitel 1.2 und 2.1).

Da wir ein Experiment durchführen, sollten wir gleich UV und AV identifizieren:
UV ist die *Beobachtung bzw. Nichtbeobachtung eines aggressiven Modells.*
AV ist das *(aggressive) Verhalten der Person A.*
Diese Hypothese genügt den Forderungen, die wir in Kapitel 2 an die Formulierung von Hypothesen gestellt haben. Bitte überzeugen Sie sich Punkt für Punkt davon.

Zu den folgenden Schritten eine allgemeine Anmerkung: Ich muß diese Schritte zwangsläufig in einer bestimmten Reihenfolge behandeln. Diese Reihenfolge ist aber nicht in allen Fällen die einzig mögliche und brauchbare. So ist es z.B. durchaus möglich, zunächst den Versuchsplan aufzustellen (Schritt 4 in meiner Reihenfolge) und dann erst die Operationalisierung auszuarbeiten (Schritt 3 in meiner Reihenfolge).

(3) Operationalisierung

In diesem Schritt werden den Begriffen der Hypothese beobachtbare Phänomene zugeordnet. Dies ist notwendig, weil sonst ja keine empirische Untersuchung möglich wäre.
In unserem Beispielsexperiment müßten wir uns also zur Operationalisierung der UV zunächst überlegen, welches aggressive Modell wir wie vorsetzen. Das Spektrum von möglichen Situationen und aggressiven Verhaltensweisen ist ja sehr groß. Es reicht vom Verhalten gegenüber dem Kellner im Restaurant, wenn die Suppe zu kalt ist, bis zum Verhalten eines Kindes, das von einem Spielkollegen gestört wird. Sinnvollerweise wählen wir eine Situation aus, die sich leicht realisieren läßt und in der unsere Versuchspersonen noch keine Erfahrung sammeln konnten. So könnten wir z.B. Kinder auswählen, die zum ersten Mal in ihrem Leben mit einem Computer in Kontakt treten. Das Modell könnte ein anderes Kind oder ein Erwachsener sein. Dieses Modell könnte mit dem Computer arbeiten. Jedesmal, wenn der Computer nicht das tut, was von ihm erwartet wird, beschimpft ihn das Modell oder schlägt sogar auf ihn ein. Wenn die Situation und die aggressive Handlung des Modelles festgelegt sind, dann müssen wir klären, wie wir das Modell den Vpn vorführen. Wir könnten z.B. die Vp in dem Raum scheinbar warten lassen, in dem das Modell am Computer werkt. Wir könnten aber auch das Geschehen mit Film oder Video aufnehmen und am Bildschirm vorführen. Dies hätte den Vorteil, daß das Modell bei allen Vpn in exakt der gleichen Weise agiert. In diesem Falle könnte man sich sogar überlegen, ob man mit Zeichnungen arbeitet, mit Puppen, Tierfiguren oder sonstigen sympathischen Modellen. Nehmen wir an, wir hätten uns darauf geeinigt, einen jungen Mann als Modell mit Video aufzunehmen. Nun muß aber auch die zweite Stufe der UV (ohne aggressives Modell) operationalisiert werden. Um den Ablauf für die Vpn der zweiten Gruppe möglichst

gleich zu gestalten, werden wir auch diesen ein Videoband mit dem Modell vorführen. Bei dieser Gruppe wird das Modell aber nicht aggressiv agieren, sondern völlig neutral auf die Fehler des Computers reagieren.

Schließlich müssen wir auch noch die AV operationalisieren. Hier geht es also um das aggressive oder nicht-aggressive Verhalten der Vp in einer gleichen Situation. Wir werden also dafür sorgen, daß das Kind an einem Computer arbeitet und daß gelegentlich der Computer nicht macht, was das Kind möchte. In diesen Situationen werden wir genau registrieren, was die Vp tut, d.h. ob sie aggressiv reagiert (den Computer ebenfalls beschimpft oder schlägt) oder nicht.

(4) Versuchsplan

Mit *Versuchsplan* (Untersuchungsplan) ist der logische Aufbau des Versuchs gemeint, im Hinblick auf die Hypothesenprüfung. Für unser Experiment genügt ein ganz einfacher Versuchsplan:
Wir werden zwei Gruppen von Versuchspersonen ein Modell am Bildschirm vorführen. Eine Gruppe wird das aggressive Modell sehen (Stufe a1 der UV), die andere Gruppe das nicht-aggressive Modell (Stufe a2 der UV). Als Ergebnis werden wir die AV bei beiden Gruppen vergleichen.

(5) Kontrolle der Störvariablen

Wir haben bei der Charakterisierung der experimentellen Methode bereits gesehen, daß die Variation der UV nur *ein* Aspekt eines Experimentes ist. Der andere besteht darin, daß andere Variablen, die ebenfalls die AV beeinflussen könnten (die Störvariablen), in ihrer Wirkung neutralisiert werden müssen.

Bei unserem Beispielsexperiment gibt es eine Reihe von möglichen Störvariablen: Manche Vpn identifizieren sich mehr mit dem Modell, andere weniger. Während einige Vpn eher zu aggressiven Verhaltensweisen neigen (aus welchen Gründen immer), tun dies andere in geringerem Maße. Der Versuchsleiter könnte sich verschiedenen Versuchspersonen gegenüber anders verhalten, zu einer Vp sehr freundlich, zu einer anderen kühl und abweisend. Führt man das Experiment in verschiedenen Räumen durch, dann kann sich die unterschiedliche Gestaltung dieser Räume ebenfalls auf die Vpn auswirken. In einem Raum hängen z.B. Bilder, während der andere kahl und nackt präsentiert wird. Dadurch könnten die Vpn in unterschiedlicher Weise abgelenkt werden. Wird das Experiment mit verschiedenen Vpn zu unterschiedlichen Tageszeiten vorgenommen, dann können im Versuchsraum unterschiedliche Beleuchtungsverhältnisse herrschen. Eimmal scheint die Sonne, das andere Mal ist der Himmel bedeckt, oder es dämmert sogar der Abend. Darüberhinaus ist noch eine Reihe anderer Störvariablen möglich.

Wie können wir die Wirkung dieser Störvariablen neutralisieren? Wie wir schon oben gesehen haben, gibt es zwei prinzipielle Wege: Man kann versuchen, Störvariablen *konstant* zu halten. Dies können wir bei einer Reihe von Störvariablen tun. So können wir, wie bereits erwähnt, dafür sorgen, daß das Modell bei allen Vpn in einer Gruppe sich exakt gleich verhält, indem wir das Geschehen mit Hilfe von Video aufzeichnen. Ebenso wichtig ist es, daß die Gesamtdauer der Darbietung des Modelles für beide Gruppen gleich lang ist. Die Einrichtung und Verhältnisse im Experimentierraum können konstant gehalten werden. Der Versuchsleiter wird darauf trainiert, sich allen Vpn gegenüber gleich zu verhalten. Die andere Neutralisierungsmethode besteht in der *zufälligen Variation* der Störvariable. Wir können z.B. die Vpn mit Hilfe eines Zufallsverfahrens (etwa durch Münzwurf) auf die beiden Gruppen aufteilen. Damit sollte (u.a.) gewährleistet werden, daß Vpn, die eher zu aggressivem Verhalten neigen, in beiden experimentellen Gruppen in etwa gleich verteilt sind. Wir werden über das Problem der Kontrolle von Störvariablen noch ausführlich im Kapitel 4.4 sprechen.

(6) Stichprobe

In diesem Schritt geht es um die Auswahl der Vpn, die an unserem Experiment teilnehmen. Man nennt diese Versuchspersonen *Stichprobe*. Eine Stichprobe ist eine Untermenge der Gesamtmenge (Grundgesamtheit, Population), für welche die Hypothese Geltung beansprucht.
Zunächst muß entschieden werden, wie groß die Stichprobe sein soll, d.h. wieviele Vpn überhaupt an der Untersuchung teilnehmen sollen. Dies hängt u.a. davon ab, wie groß die Unterschiede zwischen den Gruppen sind, die man erwartet, und wie groß die Variation der Vpn sein wird. Man muß ja davon ausgehen, daß es Vpn geben wird, bei denen die Wirkung des Modelles sehr groß sein wird, und andere, bei denen sie schwächer ist. Dies wird sich natürlich auch in einer Variation der AV auswirken. Es geht nun bei der Gestaltung des Experimentes darum, den systematischen Effekt der UV auf die AV von den eher zufälligen Variationen der AV zu trennen. Ich werde auf diesen Punkt noch genauer im Kapitel 4.6 eingehen.

Für unser Experiment genügt es zunächst, wenn wir für jede Gruppe zehn Vpn vorsehen, insgesamt also zwanzig. Das nächste Problem betrifft die Auswahl und Werbung der Vpn. Es liegt natürlich nahe, diejenigen Menschen zur Teilnahme zu bitten, zu denen man leicht Zugang hat. Man sollte aber darauf achten, einen möglichst repräsentativen Querschnitt aus der Gesamtbevölkerung ins Experiment einzubeziehen. Das würde für unser Experiment bedeuten, daß man nicht nur Kinder aus der Oberschicht untersucht, sondern Kinder aus allen Schichten der Bevölkerung. Da die Kinder nicht alleine entscheidungsfähig sind, müssen wir die Erlaubnis ihrer Eltern einholen.

Ich werde auf das Problem der Stichprobe im Kapitel 4.5.1 noch genauer eingehen, auf die Werbung und den Umgang mit Vpn im Kapitel 4.7.2.

(7) Empirische Vorhersage und statistische Hypothese

Wir haben in Kapitel 2 gesehen, daß eine Hypothese folgendermaßen empirisch überprüft wird: Ausgehend von der Sachhypothese formuliert der Forscher eine empirische Vorhersage und vergleicht diese empirische Vorhersage mit den Ergebnissen seiner empirischen Untersuchung. Dies gilt auch speziell für das Experiment.
Auf dem Hintergrund der Operationalisierung, des Versuchsplanes, der Kontrolle der Störvariablen und der Stichprobe wird aus der Sachhypothese die konkrete empirische Vorhersage für das Experiment abgeleitet. In unserem Beispiel würden wir vorhersagen, daß die Gruppe von Versuchspersonen, die das aggressive Modell beobachtet, häufiger ein aggressives Verhalten zeigt als die Gruppe, der das nicht-aggressive Modell vorgeführt wird. Diese Vorhersage vergleichen wir dann mit dem tatsächlichen Ergebnis unseres Experiments.
Dabei ergibt sich allerdings ein Problem: Neben unserer UV wirken auf die AV auch noch eine Reihe von zufälligen Störvariablen. Dazu gehört die Gruppe von Störvariablen, bei denen wir absichtlich Zufallsvariationen einführen, um ihre Wirkung zu neutralisieren. Die Wirkung dieser zufälligen Störvariablen kann die Wirkung der AV überlagern. So könnte z.B. eine Vp, die besonders zu aggressivem Verhalten neigt, auch dann aggressiv reagieren, wenn sie das nicht-aggressive Modell beobachtet hat.

Wir müssen daher versuchen, die systematische Wirkung der UV von den unsystematischen Wirkungen der zufälligen Störvariablen zu trennen. Dies ermöglicht uns die Statistik.
Auf dem Hintergrund einer statistischen Theorie wird aus der empirischen Vorhersage eine statistische Hypothese abgeleitet. Statistische Hypothesen sind Aussagen z.B. über Mittelwerte, Varianzen, usw. Diese statistische Hypothese schließlich ist es, die wir im Experiment überprüfen. Ich werde auf diesen Problemkreis im Kapitel 4.6 eingehen.

(8) Durchführung

Dieser Schritt betrifft den konkreten praktischen Ablauf der Untersuchung.
Der Ablauf der Untersuchung muß im Detail festgelegt werden. Dazu gehört auch, welche Hilfsmittel und Geräte Verwendung finden, wie die Daten aufgezeichnet werden, usw. Sehr wichtig ist auch die Behandlung der Vpn. Dies betrifft den Zeitraum von der Begrüssung einer Vp bis zu ihrer Verabschiedung.
Eine besondere Bedeutung kommt der Instruktion zu, die der Vp gegeben wird. Mit der Instruktion wird der Vp mitgeteilt, was sie tun soll. Die

Instruktion ist also so etwas wie eine Gebrauchsanweisung für die Vp. Der Bedeutung der Instruktion entsprechend sollte man sich für ihre Formulierung große Mühe machen. Ich werde auf alle diese Punkte noch genauer eingehen.
Auf jeden Fall sollte man mit einem Probelauf prüfen, ob die Durchführung, so wie man sie geplant hat, auch akzeptabel ist.
Kapitel 4.7 wird sich ausführlich mit den Aspekten der Durchführung beschäftigen.

(9) Auswertung der Daten

Die Auswertung des Experiments oder der Untersuchung bedeutet zunächst einmal die Prüfung der statistischen Hypothese. Mit den Daten der empirischen Untersuchung wird eines der passenden statistischen Auswertungsverfahren durchgeführt. Das Ergebnis dieser Prüfung ist die Annahme oder Verwerfung der statistischen Hypothese.

(10) Schluß auf die Sachhypothese

Als Ergebnis der Untersuchung oder des Experiments ist ein Satz über die statistische Hypothese selbstverständlich zu wenig. Als Forscher ist man ja nicht an der statistischen Hypothese interessiert, sondern an der Sachhypothese. Es muß also von der statistischen Hypothese auf die Bewährung oder Falsifizierung der Sachhypothese geschlossen werden. Für diesen Schluß ist nicht nur das Ergebnis der Prüfung der statistischen Hypothese relevant, sondern auch die Qualität der Operationalisierung, wie gut es gelungen ist, die Störvariablen zu neutralisieren, usw. Auch die Frage der Generalisierbarkeit des Ergebnisses ist hier zu klären. Es geht dabei z.B. darum, wie repräsentativ die Stichprobe für die Population ist, für die die Hypothese formuliert wurde. Es geht aber auch z.B. um die Frage, wie typisch – um bei unserem Beispielsexperiment zu bleiben – unsere Modellsituation für alle möglichen Situationen ist, die aggressives Verhalten provozieren könnten.
Ich werde die Auswertung der Daten und den Schluß auf die Sachhypothese im Abschnitt 4.8 behandeln.

(11) Diskussion

Den Abschluß eines Experiments sollte eine Diskussion des Ergebnisses für Theorie und Praxis bilden. Dies insbesondere dann, wenn das Ergebnis vom Erwarteten abweicht. Außerdem sollte man sowohl die Vorzüge des abgeschlossenen Experiments reflektieren, als auch etwaige Fehler und Möglichkeiten einer Verbesserung.

(12) Bericht

Das Experiment und sein Ergebnis sollte anderen Wissenschaftlern zugänglich gemacht werden. Dazu muß ein Bericht verfaßt und publiziert werden. Damit - und auch ein wenig mit dem Lesen eines derartigen Berichtes - wird sich Kapitel 4.9 beschäftigen.

In den folgenden Abschnitten gehe ich auf diese Schritte im Detail ein.

4.2. Operationalisierung und Messen

4.2.1 Operationalisieren

In einer Hypothese kommen (theoretische) Begriffe vor. Begriffe sind aber nicht direkt beobachtbar. Die Hypothese soll aber empirisch überprüft werden. Daher müssen den Begriffen der Hypothese beobachtbare Phänomene zugeordnet werden. Dieses Zuordnen von beobachtbaren Phänomenen zu Begriffen nennt man **Operationalisieren.** Man kann auch sagen, daß man einen (empirisch beobachtbaren) **Indikator** für den Begriff findet.

Bei der empirischen Prüfung der Hypothese 1 (Lernen am Modell) müssen wir beispielsweise beobachtbare Phänomene finden, mit deren Hilfe wir feststellen können, ob sich eine Person aggressiv verhält oder nicht. Wir müssen also festlegen, welche Verhaltensweisen diese Person zeigen muß, damit wir ihr Verhalten als aggressiv bezeichnen. Vermutlich können wir uns darauf einigen, daß sich ein Kind einem Computer gegenüber aggressiv verhält, wenn es ihn beschimpft oder «mißhandelt» (schlägt, anspuckt, etc.). Wir brauchen für die Prüfung der Hypothese auch noch eine Operationalisierung dafür, daß eine Person ein aggressives Modell beobachtet. Wir könnten z.B. vereinbaren, daß der folgende beobachtbare Sachverhalt ein Indikator dafür ist: die Person verfolgt aufmerksam das Geschehen auf einem Bildschirm, auf dem gezeigt wird, wie sich eine Person aggressiv verhält.

Um Rechtshändigkeit zu operationalisieren, könnten wir eine Person bitten, einen Ball mit der Hand auf ein bestimmtes Ziel zu werfen. Verwendet Sie dabei die rechte Hand, ist das ein Indikator für die Rechtshändigkeit, wirft sie mit der linken, für Linkshändigkeit.
Ein Indikator für schwache Intelligenz wäre ein Ergebnis von weniger als (ca.) neunzig IQ-Punkten beim Hamburg-Wechsler-Intelligenztest.

Die Information, die mithilfe einer Operationalisierung gewonnen wird (z.B. daß Frau S. linkshändig ist), wird üblicherweise als **Datum** (Mehrzahl: *Daten*) bezeichnet.

Oft gibt es mehrere verschiedene Möglichkeiten, einen Begriff zu operationalisieren. Denken Sie nur daran, daß es neben dem Hamburg-Wechsler-Intelligenztest noch eine ganze Reihe anderer Tests gibt, die ebenfalls die Intelligenz messen.

Versuchen Sie bitte – **bevor Sie umblättern** –, möglichst viele Indikatoren für Hunger (beim Menschen und auch Tieren) zu finden. Wir wollen uns dabei auf Hungerzustände beschränken, die nicht so extrem sind, daß ernste körperliche Beeinträchtigungen auftreten oder gar Lebensgefahr besteht.

4.2.2 Güte der Operationalisierung

Damit Begriffe operationalisiert werden können ist nicht nur Wissen notwendig über den speziellen Gegenstandsbereich der Hypothese (z.B. Aggressivität), sondern ein generelles – fachliches und nichtfachliches – Hintergrundwissen (z.B. über die Motivation von Menschen, menschliche Wahrnehmung und objektive Bedingungen, usw.).
Aus dem Wissen z.B., wie Lernen und Fehler miteinander verknüpft sind, ergibt sich eine Möglichkeit, den Lernerfolg (z.B. beim Lernen von Vokabeln) zu operationalisieren, nämlich als Zahl der Fehler, die am Ende des Lernprozesses noch gemacht werden.
Auf dem Hintergrund unseres Wissens, wie Gesichtsausdruck und Emotionen zusammenhängen, können wir beispielsweise versuchen, den emotionalen Zustand eines Menschen über seinen Gesichtsausdruck zu operationalisieren.

Verschiedene Indikatoren können unterschiedlich gute Operationalisierungen einer Variablen sein. So könnte man auch auf die Idee kommen, Intelligenz dadurch zu operationalisieren, daß der Vp ein Fieberthermometer ins Ohr gesteckt wird. Nach allgemeiner Auffassung zur Intelligenz wäre dies aber sicherlich ein weniger guter Indikator als z.B. einer der gängigen Intelligenz-Tests. Freilich ist es nicht immer ganz einfach zu entscheiden, welche von zwei Operationalisierungsmöglichkeiten eine Variable besser operationalisiert.
Die Güte der Operationalisierung wird oft auch als **Konstruktvalidität** bezeichnet (vgl. Abschnitt 4.8). Sie spielt für die Beurteilung der Hypothesenprüfung natürlich eine große Rolle.
Eine schlechte Operationalisierung eines Begriffes (z.B. der Intelligenz mit dem Fieberthermometer) macht die Prüfung einer Hypothese wertlos. Daher lohnt es sich, der Suche nach wirklich geeigneten Indikatoren viel Aufmerksamkeit zu schenken.

Häufig stellt sich auch im Laufe des Forschungsprozesses heraus, daß unterschiedliche Operationalisierungsmöglichkeiten einer Variablen in Wirklichkeit Indikatoren für verschiedene Variablen (wenn auch verwandte) sind. Von den vielen Beispielen aus der Psychologie seien nur zwei herausgegriffen:
So hat sich z.B. in der Intelligenzforschung schon relativ früh gezeigt, daß man verschiedene Komponenten oder Aspekte der Intelligenz un-

terscheiden muß, die mit unterschiedlichen Intelligenzaufgaben operationalisiert werden müssen. Es gibt z.B. einen sprachlichen Aspekt der Intelligenz, oder auch einen Aspekt, der mit der räumlichen Vorstellung zu tun hat. Dieser Prozeß der Differenzierung des Begriffes *Intelligenz* ist noch keineswegs abgeschlossen.
In der Entscheidungsforschung wurden ursprünglich die Begriffe *Wahl* und *Beurteilung* als gleichbedeutend betrachtet. Bei einer Wahl muß die Vp genau eine aus mehreren Entscheidungsalternativen auswählen. Bei einer Beurteilung dagegen muß sie jede von mehreren Alternativen auf einer Beurteilungsskala bewerten. Wie man jetzt weiß, sind dies zwei sehr verschiedene Prozesse.
In diesen Fällen wird also ein zunächst einheitliches theoretisches Konzept im Zuge der Wissenschaftsentwicklung ausdifferenziert.

Die theoretischen Begriffe einer Hypothese können mehr oder weniger direkt operationalisert werden, so wie Variablen mehr oder weniger beobachtungsnah sind. Je abstrakter und theoretischer ein Begriff ist, desto indirekter ist auch seine Operationalisierung. Je indirekter eine Operationalisierung ist, desto reicher und detaillierter muß das Hintergrundwissen sein, das die Beziehung zwischen dem Indikator und dem Begriff herstellt.
So bedarf es beispielsweise einer ausführlicheren Hintergrundstheorie, um zeigen zu können, daß der vorher erwähnte Hamburg-Wechsler-Intelligenztest den Begriff *Intelligenz* operationalisiert, als vergleichsweise für die Operationalisierung der Rechtshändigkeit.
Ich werde auf das Problem der direkten bzw. indirekten Operationalisierung in Kapitel 4.6 noch einmal zurückkommen.

4.2.3 Operationalisierungstechniken

Operationalisierungstechniken werden häufig auch als **Methoden der Datengewinnung** bezeichnet. Ich will in diesem Buch nicht auf die Methoden der Datengewinnung im Detail eingehen. Daher werde ich die wichtigsten Typen dieser Methoden nur kurz skizzieren, wobei die Grenzen zwischen den einzelnen Typen nicht sehr scharf sind. Ausführliche Informationen über die Methoden der Datengewinnung finden Sie z. B. in Bortz (1984) (Lehrbuch) und Roth (1993) (Lehr- und Handbuch).

Die **wissenschaftliche Beobachtung** ist in allen empirischen Wissenschaften die grundlegende Methode der Datengewinnung. So kann z.B. letztlich nur mithilfe der Methode der Beobachtung festgestellt werden, welche Antwortmöglichkeit eine Vp bei einer bestimmten Frage angekreuzt hat. Beobachtet werden dabei Bleistift-, Tinten- oder andere Spuren auf dem Antwortblatt. Bei der wissenschaftlichen Beobachtung wer-

Einige Operationalisierungsmöglichkeiten für HUNGER

(Dies sind nur Beispiele, ich habe nicht den Ehrgeiz, eine vollständige Liste auch nur aller bisher verwendeten Indikatoren aufzuzählen.)

- Dauer des Nahrungsentzuges
- Anteil des Blutzuckers
- Welche Menge an Nahrung wird gegessen?
- Wie schnell wird gegessen?
- Wie schnell läuft ein Tier, um zur Nahrungsquelle zu gelangen?
- Registrierung der Magenkontraktionen (diese sind bei Hunger häufiger und heftiger). Die Magenkontraktionen können z.B. festgestellt werden, indem die Vp einen Ballon schluckt, der über einen Schlauch mit der Außenwelt verbunden ist. Dieser Ballon wird aufgeblasen. Wenn sich der Magen kontrahiert, preßt er den Ballon zusammen. Damit entweicht Luft durch das Schläuchlein. Diese Luftstöße können registriert werden.
- Welche unangenehmen Dinge nimmt jemand auf sich, um Nahrung zu erhalten? Z.B.: langweilige Arbeit, schmerzhafte Reize, unangenehmen Geschmack.
- Welche angenehmen Dinge werden verschmäht, wenn man stattdessen Nahrung zu sich nehmen kann? Z.B.: Sexualpartner, interessante und abwechslungsreiche Umgebung, Gesellschaft von Gruppenmitgliedern.
- Befragung (Wie hungrig sind Sie?)
- Messung, welchen subjektiven Wert Nahrung für eine Person hat. Z.B: Nehmen Sie Ihr monatliches Einkommen als Vergleichsbasis. Der Wert Ihres monatlichen Einkommens soll genau eintausend Punkte betragen. Geben Sie jetzt an, wieviel Punkte Sie im Moment einer guten und ausreichenden Mahlzeit zuordnen würden.
- Messung des Speichelflusses beim Anblick von Nahrung

den oft komplizierte Geräte eingesetzt: Elektronenmikroskop, Geräte zur Aufzeichnung der hirnelektrischen Ströme. usw. Alle anderen Operationalisierungstechniken benötigen zwangsläufig die wissenschaftliche Beobachtung zur Datengewinnung.

Die **Verhaltensbeobachtung** ist eine Form der wissenschaftlichen Beobachtung, die für die Psychologie besonders bedeutsam ist. Sie ist auf das Verhalten von Individuen oder Gruppen von Individuen gerichtet. Ein Beispiel ist die Verhaltensbeobachtung von Grußzeremonien in verschiedenen Kulturen, oder auch die Beobachtung des Balzverhaltens von Graugänsen.

OH
BEOBACHTUNG

VERHALTENSBEOBACHTUNG
OH

Bei der Methode der **Befragung** antwortet die Vp auf ihr gestellte Fragen. Die Fragen können mehr oder weniger strukturiert sein (z.B.: freies Interview, vorgegebene Antwortkategorien zum Ankreuzen). Die Fragen können mündlich (Interview) oder schriftlich (Fragebogen) gestellt werden.

Bei einem **Test** werden der Vp unter standardisierten Bedingungen standardisierte Reize vorgegeben, z.B. Testbilder, Testaufgaben, Testfragen. Die Reaktionen der Vpn werden üblicherweise interpretiert, indem sie mit den Reaktionen anderer Vpn verglichen werden. Wenn die Vp X eine bestimmte Aufgabe bei einem Intelligenztest richtig löst, ist es wichtig zu wissen, ob insgesamt 90% der Vpn diese Aufgabe richtig lösen, oder nur 3%.

Die **Analyse von Verhaltensspuren** umfaßt einen sehr weiten Bereich von Daten. Verhaltensspuren können z.B. Zeichnungen, Briefe, Fotos oder Tagebücher sein (Dokumentenanalyse, vgl. Atteslander, 1975), aber auch Spuren im Schnee, die Überreste einer Mahlzeit oder Gebrauchsspuren an den Büchern einer Bibliothek.

Die Methoden der Datengewinnung und die der Hypothesenprüfung können beliebig miteinander kombiniert werden. So wird z.B. die Methode der Verhaltensbeobachtung in experimentellen Untersuchungen ebenso eingesetzt wie in nicht-experimentellen.

4.2.4 Messen

Während qualitative Variablen nur zwei Ausprägungsstufen haben (männlich/weiblich, gespeichert/nicht gespeichert, etc.), lassen sich bei anderen mehrere - vielleicht sogar sehr viele - Intensitätsstufen unterscheiden. Ein Mensch findet z.B. andere Menschen verschieden stark sympathisch; ein Therapeut stellt fest, daß die depressive Verstimmung seines Klienten im Laufe der Behandlung immer schwächer wird; Schachspieler unterscheiden sich graduell in ihrer Spielstärke, usw.
Es muß daher auch möglich sein, Intensitätsgrade von Variablen auszudrücken. Die Möglichkeit dafür bietet uns das Messen.

Beim **Messen** ordnen wir den Meßobjekten (den zu messenden Individuen, Objekten, Ereignissen, etc.) Zahlen derart zu, daß bestimmte empirische Relationen zwischen den Messobjekten (z.B. *ist ängstlicher als*) durch bestimmte numerische Relationen über den Zahlen (z.B. *ist größer als*) repräsentiert werden.
Die den Meßobjekten zugeordneten Zahlen heißen **Skalenwerte**.

Wenn eine Person A intelligenter ist als eine Person B, dann muß der Skalenwert für die Intelligenz von A größer sein als der von B. Wenn der subjektive Wert von zweihundert Lewonzen 1,4 mal so groß ist wie der von einhundert Lewonzen, dann muß der Skalenwert für den subjektiven Wert von zweihundert Lewonzen eben 1,4 mal so groß sein wie der von hundert Lewonzen.

Könnten wir nicht darauf verzichten, Intensitätsgrade durch Zahlen auszudrücken und stattdessen verbale Abstufungen verwenden? Z.B: Die Prüfungsangst eines Schülers ist *sehr hoch*, *hoch*, *mittel*, *eher gering* oder *sehr gering*.
Nun gibt es zunächst einmal bei vielen Variablen mehr Intensitätsstufen, als sich mit einfachen sprachlichen Mitteln ausdrücken läßt. Wir müßten dann zusätzliche Stufen einführen, z.B. derart: die Stärke der Prüfungsangst liegt genau zwischen den Stufen *mittel* und *eher gering*. Dies würde allerdings eine sehr komplizierte und unpraktikable Sprache zur Folge haben.
Ein weiteres - und weitaus ernsteres - Problem ist das, daß sprachliche Bezeichnungen bei verschiedenen Menschen oft verschiedene Bedeutungen haben. Dieser Sachverhalt wurde beispielsweise für den Bereich der subjektiven Wahrscheinlichkeit gut untersucht. Dabei stellte sich heraus, daß verbal formulierte Intensitätsgrade der subjektiven Wahrscheinlichkeit zum Teil sehr unterschiedlich verwendet werden. So drücken verschiedene Menschen z.B. mit der Bezeichnung *wahrscheinlich* (*es ist wahrscheinlich, daß E.M. der Täter ist*) sehr unterschiedliche Wahrscheinlichkeiten aus: Die Spannweite reicht von 30% bis 80%! Dagegen werden Zahlengrößen einheitlicher interpretiert und verwendet. Es empfiehlt sich daher, Intensitätsgrade durch Zahlen auszudrücken.

Ich kann hier auf die Theorie des Messens nicht genauer eingehen, Sie finden eine systematische Behandlung der Meßtheorie z.B. bei Krantz, Luce, Suppes & Tversky (1971) und bei Gigerenzer (1981).

4.2.5 Problemkreise beim Messen

Beim Messen kann man vier wichtige Problemkreise unterscheiden, die ich wenigstens kurz diskutieren möchte.

Repräsentationsproblem

Bei diesem Problem geht es darum, ob eine bestimmte empirische Variable meßbar ist oder nicht. Diese Frage kann ja noch heute sehr emotionale Diskussionen auslösen. Die Meßtheorie hat nachgewiesen, daß die Frage der Meßbarkeit nur durch eine empirische Prüfung zu lösen ist, nicht in weltanschaulichen Diskussionen am grünen Tisch.

Eindeutigkeitsproblem

Wenn eine Variable meßbar ist, dann erhebt sich die Frage, welche Freiheit bei der Zuordnung der Skalenwerte besteht, oder anders ausgedrückt, wie die Skalenwerte verändert (transformiert) werden können. Um ein einfaches und bekanntes Beispiel herauszugreifen: Eine Längenangabe in *inches* (*in.*) kann ohne Schwierigkeiten in *cm* ausgedrückt werden, indem die Länge in *inches* mit 2,54 multipliziert wird. Durch diese Transformation kann der Skalenwert in *inches* in einen Skalenwert in *cm* transformiert werden.

Beträgt das Verhältnis der Breite zur Länge eines Brettes 10 *in.* zu 50 *in.* (= 0,2), so bleibt dieses Verhältnis auch nach der Transformation in cm unverändert: 25,4 *cm* : 127 *cm* = 0,2. Hätten wir anstelle der Transformation durch Multiplikation mit 2.54 eine Transformation gewählt, bei der der ursprüngliche Skalenwert quadriert wird, dann hätte sich dieses Verhältnis verändert, denn 10^2 zu 50^2 ist 0,04 und nicht 0,2.

Wenn also das Verhältnis der Skalenwerte relevant ist und unverändert bleiben soll, ist die Multiplikation mit einer Konstanten (größer als Null) eine erlaubte (zulässige) Transformation, das Quadrieren der Skalenwerte jedoch nicht.

Die Menge der zulässigen bzw. der nicht zulässigen Transformationen definiert den **Skalentyp** oder das **Skalenniveau**. Zwar gibt es unendlich viele Skalentypen, doch werden in der Psychologie hauptsächlich die folgenden fünf unterschieden: Nominal-, Ordinal-, Intervall-, Verhältnis- und Absolutskala (vgl. Stevens (1951)). Welches Skalenniveau bei der konkreten Messung einer Variablen erreicht wird, hängt sowohl von den Eigenschaften der Variablen ab als auch von der verwendeten Operationalisierungstechnik und Skalierungsmethode.

Ich werde diese fünf Skalentypen nur kurz charaktersieren, eine ausführliche Behandlung finden Sie in der Literatur zur Meßtheorie und auch in den meisten Statistikbüchern.

Nominalskala: Diese Skala erlaubt lediglich die Bestimmung von Gleichheit oder Verschiedenheit. Alle Meßobjekte, bei denen die zu messende Variable gleich ausgeprägt ist, erhalten den gleichen Skalenwert. Beispiele sind das Geschlecht, die Blutgruppen (A, B, AB und 0), das Hauptstudienfach, und alle Kategorisierungen. Bei der Nominalskala ist jede eindeutige Transformation der Skalenwerte zulässig. Angemessene statistische Verfahren sind z.B. Häufigkeiten, Chi- Quadrat, Kontingenz-Koeffizienten.

Variablen, die höchstens auf Nominalskalenniveau gemessen werden können, heißen auch *qualitative Variablen*, solche, die auf höherem Skalenniveau gemessen werden können, *quantitative Variablen.*

Ordinalskala: Über die Unterscheidung von Gleichheit und Verschiedenheit hinaus ist die Unterscheidung von *größer* und *kleiner* möglich.

Variablen, die höchstens auf Ordinalskalenniveau gemessen werden können, werden auch *komparative Variablen* genannt.
Beispiele sind Rangreihen, Testrohwerte, sozioökonomischer Status, etc. Als Faustregel gilt, daß eine Messung auf Ordinalskalenniveau möglich ist, wenn man den Komparativ des Eigenschaftswortes verwendet, also z.B.: besser, kleiner, kreativer, weniger neurotisch, emotionaler, . . .er. Es ist jede Transformation erlaubt, welche die Ordnung unverändert läßt. Angemessene statistische Verfahren sind z.B. Median, Rangkorrelation, Wilcoxon-Test, etc.

Intervallskala: Über die Aussagemöglichkeiten der Ordinalskala hinaus sind auch Aussagen über das Verhältnis von Intervallen zwischen Skalenwerten möglich. Bei der Intervallskala sind sowohl die Einheit als auch der Nullpunkt willkürlich festgelegt.
Beispiele sind die Celsius- und die Fahrenheit-Temperaturskala, Standardtestwerte (z.B. beim IQ), auch subjektive Wertskalen bei entsprechender Skalierungsprozedur. Jede lineare Transformation ist zulässig, d.h. die Multiplikation mit einer positiven Konstanten und die Summierung einer beliebigen Konstanten:

neuer Skalenwert = a × (alter Skalenwert) + b (mit a größer als 0).

Anders ausgedrückt: Jede Transformation ist erlaubt, welche die Einheit und/oder den Nullpunkt verändert. Es sind alle statistischen Verfahren angemessen, die auf dem arithmetischen Mittel beruhen, z.B.: t-Test, Varianzanalyse, Korrelation.
Intervallskalen oder solche mit noch höherem Meßniveau werden auch als *metrische Skalen* bezeichnet.

Verhältnisskala (Rationalskala): Zusätzlich zu den Aussagemöglichkeiten der Intervallskala können hier Aussagen über das Verhältnis von Skalenwerten gemacht werden. Die Einheit ist willkürlich festgelegt, der Nullpunkt ist jedoch durch eine Theorie bestimmt.
Beispiele sind die gebräuchlichen Maße der Physik: Länge, Gewicht, etc., auch die *absolute* Temparaturskala, Geldbeträge (in verschiedenen Währungen), etc., in der Psychologie z.B. die Reaktionszeit, evtl. die subjektive Wahrscheinlichkeit (bei entsprechender Skalierungsprozedur). Zulässig ist jede Transformation, welche nur die Einheit verändert (nicht aber den Nullpunkt), d.h. jede Multiplikation mit einer positiven Konstanten:

neuer Skalenwert = a × (alter Skalenwert) (mit a größer als 0).

Bei der Verhältnisskala ist jedes statistische Verfahren angemessen (auch z.B. solche, die auf dem geometrischen Mittel aufbauen).

Absolutskala: Bei der Absolutskala gibt es nicht nur einen natürlichen Nullpunkt, sondern auch eine natürliche Einheit.
Typisches Beispiel ist die Zahl der Elemente in einer Menge, also z.B. die Zahl der Mitglieder in einer Gruppe. Dieser Skalenwert darf durch keine

Transformation verändert werden. Auch bei der Absolutskala sind alle statistischen Verfahren angemessen.

Bedeutsamkeits-Problem

Bei diesem Problemkreis geht es um die Frage, welche Schlüsse auf der Basis der Skalenwerte gezogen werden dürfen. Die Meßtheorie hat gezeigt, daß die Antwort eng mit dem Problem der Eindeutigkeit zusammenhängt:
Eine Aussage über Skalenwerte ist dann **bedeutsam** oder **sinnvoll**, wenn der Wahrheitswert dieser Aussage bei allen zulässigen Transformationen unverändert bleibt.
Betrachten wir z.B. folgende Skalenwerte:
v(a) = 100, v(b) = 80, v(c) = 60, v(d) = 40.
Die folgende Aussage ist nicht sinnvoll, wenn die Skala v eine Ordinalskala ist:
Der Unterschied zwischen b und d ist doppelt so groß wie der zwischen a und b.
Wenn v eine Ordinalskala ist, dann ist die folgende Transformation der Skalenwerte zulässig, da ja die ursprüngliche Ordnung zwischen den Skalenwerten erhalten bleibt:
v'(a) = 100, v'(b) = 1, v'(c) = 0,6, v'(d) = 0,5.
Bei den transformierten Skalenwerten stimmt die Aussage aber nicht mehr.

Die große praktische Relevanz des Bedeutsamkeits-Problems offenbart sich bei der Analyse von Meßdaten. Jedes statistische Verfahren setzt ein bestimmtes Skalenniveau der Daten voraus, z.B. ein t-Test erfordert Intervallskalenniveau.
Ein statistisches Verfahren darf sinnvollerweise nur dann angewendet werden, wenn die Daten das geforderte Skalenniveau erreichen.

Skalierungs-Problem

Dieser Problemkreis betrifft den konkreten Meßvorgang. Es geht darum, wie die Skalenwerte für eine Menge von Meßobjekten ganz konkret konstruiert werden.
Ich kann hier auf Skalierungsmethoden nicht eingehen und muß Sie z. B. auf Bortz (1984) oder Roth (1993) verweisen.
Zwei Begriffe möchte ich allerdings kurz erläutern:
Die **Validität** einer Messung betrifft die Frage nach der Güte der Operationalisierung (vgl. 4.2.2). Die **Reliabilität** einer Messung ist ihre Zuverlässigkeit (Genauigkeit).
Eine Messung kann durchaus reliabel sein, aber nicht valide. Ein Beispiel wäre die schon erwähnte Messung der Intelligenz dadurch, daß man der Vp ein Thermometer ins Ohr steckt und die Temperatur mißt.

Noch ein abschließendes Wort zum Messen, nämlich über die Beziehung zwischen Operationalisierung und Messen. Wenn eine Variable gemessen werden soll, setzt das voraus, daß eine brauchbare Operationalisierung existiert. Das Umgekehrte gilt aber nicht: Man kann eine Variable sehr wohl operationalisieren, *ohne* sie zu messen.

4.3 Versuchsplan

Der **Versuchsplan** betrifft die Logik der Untersuchung im Hinblick auf die Hypothesenprüfung. Die Untersuchung muß so aufgebaut werden, daß die beabsichtigte Hypothesenprüfung möglich wird.

In einem Experiment kommt der Versuchsplanung besondere Bedeutung zu, insbesondere dann, wenn der Experimentator gleichzeitig die Wirkung mehrerer UVn untersucht. Ich werde darauf in Kapitel 5 genauer eingehen.
Bei einem Experiment, bei dem nur *eine* UV mit zwei Abstufungen untersucht wird, ist die Versuchsplanung noch relativ einfach, und die Auswahl der Versuchspläne ist sehr klein:
Da es zwei Stufen der UV gibt (Stufe UV(a1)) und Stufe UV(a2)), arbeiten wir mit zwei Gruppen von Versuchspersonen: Gruppe 1 und Gruppe 2. Bei jeder Gruppe wird zunächst (Zeitpunkt t1) die entsprechende Stufe der UV realisiert. Anschließend wird die AV operationalisiert:

	Zeitpunkt t1	Zeitpunkt t2
Gruppe 1	UV(a1)	AV
Gruppe 2	UV(a2)	AV

Bei dem Experiment mit dem aggressiven Modell würden wir also so vorgehen: Einer Gruppe z.B. von Kindern wird zum Zeitpunkt t1 ein aggressives Modell gezeigt (Stufe UV(a1)), die zweite Gruppe beobachtet zum Zeitpunkt t1 ein Modell, das sich nicht aggressiv verhält (Stufe UV(a2)). Zum Zeitpunkt t2 wird bei beiden Gruppen die AV operationalisiert festgestellt, ob sich die Versuchspersonen der jeweiligen Gruppe aggressiv verhalten oder nicht.

	Zeitpunkt t1	Zeitpunkt t2
Gruppe 1	Vorführung eines aggressiven Modells	Feststellung des aggressiven Verhaltens der Vp
Gruppe 2	Vorführung eines nicht-aggressiven Modells	Feststellung des aggressiven Verhaltens der Vp

Eine Variation dieses einfachen Versuchsplanes besteht darin, daß man auch *vor* der Realisierung der jeweiligen UV-Stufe den Wert der AV feststellt. Diese erste Feststellung des Wertes der AV wird allgemein **Vorhermessung** genannt, die Feststellung des Wertes *nach* der Realisierung der UV wird als **Nachhermessung** bezeichnet.

	Zeitpunkt t1	Zeitpunkt t2	Zeitpunkt t3
Gruppe 1	AV	UV (a1)	AV
Gruppe 2	AV	UV (a2)	AV
	Vorhermessung		Nachhermessung

	Zeitpunkt t1	Zeitpunkt t2	Zeitpunkt t3
Gruppe 1	Feststellung des aggressiven Verhaltens der Vp	Vorführung eines aggressiven Modells	Fesstellung des aggressiven Verhaltens der Vp
Gruppe 2	Feststellung des aggressiven Verhaltens der Vp	Vorführung eines nicht-aggressiven Modells	Feststellung des aggressiven Verhaltens der Vp

Die Vorhermessung hat zwei wesentliche Vorteile:

(1) Es kann festgestellt werden, ob sich die beiden Gruppen von Vpn vom Anfang an unterscheiden. In unserem Beispiel könnten wir prüfen, ob eine der beiden Gruppen insgesamt aggressiver ist als die andere.

(2) Aus der Differenz zwischen der Vorhermessung und der Nachhermessung läßt sich feststellen, in welchem Ausmaß sich die UV verändert hat.

Freilich stehen diesen Vorteilen auch Nachteile gegenüber:
(1) Die Vorhermessung ist mit Kosten (im weitesten Sinne) verbunden: Zeitaufwand, Kosten für Testmaterial, Kosten der Beobachter, Kosten für die Vpn, usw.

(2) Die Vorhermessung ist nicht bei jeder Fragestellung möglich. Wenn z.B. untersucht wird, ob mangelnde orale Triebbefriedigung im ersten Lebensjahr (durch saugen, lutschen, etc.) als UV dazu führt, daß der erwachsene Mensch raucht oder Drogen nimmt (AV), dann ist diese AV eben nicht *vor* der UV operationalisierbar.

(3) Die Vorhermessung kann sich auf die Nachhermessung auswirken. Ich werde Beispiele für dieses Problem im Kapitel 4.4.2. geben.

Es kann daher nicht einer der beiden Möglichkeiten – mit oder ohne Vorhermessung – für alle Fälle der Vorzug gegeben werden. Welcher Versuchsplan der bessere ist, hängt von dem konkreten Experiment ab.

In der Experimentalpsychologie werden Sie häufig die Bezeichnungen *Experimentalgruppe* und *Kontrollgruppe* hören. Die **Experimentalgruppe** ist die Gruppe, bei der diejenige Stufe der UV realisiert wird, die den Forscher interessiert. Die andere Gruppe soll den Vergleich ermöglichen und die Störvariablen kontrollieren, deshalb wird sie **Kontrollgruppe** genannt. Wenn uns also die Wirkung eines aggressiven Modelles interessiert, dann könnten wir die oben mit *Gruppe 1* bezeichnete Vpn-Gruppe als *Experimentalgruppe* bezeichnen und die Gruppe 2 mit dem nicht- aggressiven Modell als *Kontrollgruppe.*

Wir sollten uns auch noch kurz überlegen, welche Versuchspläne untauglich sind.
Würde die Untersuchung mit nur einer einzigen Gruppe durchgeführt, die nur einer Stufe der UV ausgesetzt wird, hätten wir überhaupt keine Möglichkeit, das Ergebnis dieser Gruppe zu interpretieren, weil wir keine Vergleichsmöglichkeit hätten. Dieser Versuchsplan ist also untauglich.
Ein anderer möglicher Versuchsplan bestünde darin, zwar auch nur eine einzige Gruppe von Vpn heranzuziehen, bei dieser aber beide Stufen der UV einzusetzen. Der Versuchsplan würde also z. B. so aussehen:

	Zeitpunkt t1	Zeitpunkt t2	Zeitpunkt t3	Zeitpunkt t4
eine Gruppe:	UV(a1)	AV	UV(a2)	AV

Eine Vergleichmöglichkeit zwischen den beiden UV-Stufen wäre durch den Vergleich der AVn zu den Zeitpunkten t2 und t4 gegeben (vgl. auch Kapitel 8.2.1). Leider ist dieser so einfache (und Vpn sparende) Versuchsplan nicht generell akzeptabel. Eine experimentelle Bedingung (z.B. die UV-Stufe a1) läßt sich nicht ohne weiteres «rückgängig» machen. Anders formuliert: Wenn eine Vp in diesem Versuchsplan zum Zeitpunkt t3 der UV-Stufe a2 ausgesetzt wird, kann die UV-Stufe a1 (Zeitpunkt t1) noch immer wirksam sein.
Wenn wir z.B. zum Zeitpunkt t1 das aggressive Modell vorführen, dann wird die Vp dieses Modell nicht bereits zum Zeitpunkt t3 vergessen haben (das gilt auch für die umgekehrte Reihenfolge).
Freilich gibt es auch UVs, bei denen die Erinnerung an vorangegangene experimentelle Bedingungen keine Rolle spielt, z.B. wenn wir die Reaktionszeit von Vpn auf Lichtsignale (Stufe a1) oder Tonsignale (Stufe a2) testen. In solchen Fällen ist dieser Versuchsplan durchaus brauchbar. Allerdings treten dabei spezielle Störvariablen auf: So kann z.B. die Vp im Laufe des Experimentes müde, hungrig, etc. werden, sodaß z.B. AV-Änderungen zwischen den Zeitpunkten t2 und t4 auch durch solche Störvariablen verursacht sein könnten. Man braucht spezielle Kontrolltechniken, um derartige Störvariablen zu neutralisieren. Ich werde Versuchspläne, bei denen eine Vp mehreren experimentellen Bedingungen ausgesetzt wird, im Kapitel 6 behandeln.

4.4. Kontrolle der Störvariablen

In diesem Abschnitt werde ich die wichtigsten Grundtechniken besprechen, mit denen man Störvariablen kontrolliert, d.h. in ihrer Wirkung auf die AV neutralisiert. Auf einige spezielle Kontrolltechniken werde ich später noch gesondert eingehen (Kapitel 6 und 7). Man kann die Störvariablen in zwei große Gruppen gliedern: Die eine Gruppe von Störvariablen umfaßt Variablen der Vp, z.B.: Alter, Aggressivität, Intelligenz, usw. Die zweite Gruppe von Störvariablen beinhaltet Variablen der Untersuchungssituation, z.B.: Geschlecht des Vl, Gestaltung des Untersuchungsraumes, Charakteristiken etwaiger Testaufgaben, Reihenfolge von Fragen, etc.
In Experimenten mit mehreren UVn (Kapitel 5.2) kann man Störvariablen auch als UV ins Experiment einbauen, und damit ihre Wirkung gezielt untersuchen.

4.4.1. Kontrolle von Störvariablen der Vpn

Wenn sich die Gruppen in einem Experiment in wichtigen Störvariablen unterscheiden, erlaubt das Ergebnis keinen Schluß mehr auf die Wirksamkeit oder auch Unwirksamkeit der UV. Nehmen wir an, wir hätten in dem Aggressionsexperiment in der Gruppe 1 (Gruppe, die das aggressive Modell sieht) diejenigen Vpn zusammengefaßt, die allgemein häufiger aggressive Verhaltensweisen zeigen. Wenn dann in diesem Experiment bei Gruppe 1 häufiger aggressives Verhalten registriert werden kann als bei Gruppe 2, ist es nicht möglich zu entscheiden, ob dies lediglich die vorher schon vorhandene unterschiedliche Aggressivität widerspiegelt oder eine echte Wirkung der UV. Dieses Beispiel zeigt, daß es notwendig ist, die Gruppen eines Experiments in wichtigen Störvariablen so gleich wie möglich zu gestalten. Dazu gibt es zwei Standardmethoden:

(1) Parallelisieren (matching)

Beim Parallelisieren wird eine Störvariable zunächst bei jeder Vp gemessen. Entsprechend den gemessenen Werten werden die Vpn dann so in die Gruppen aufgeteilt, daß die Durchschnittswerte der Gruppen möglichst ähnlich sind.
Ein sehr simples Beispiel bildet das Geschlecht der Vpn; beim Parallelisieren werden die Gruppen gezielt so zusammengesetzt, daß in beiden das Verhältnis zwischen Frauen und Männern gleich ist.

Wie man dabei praktisch vorgeht, sei am Beispiel der Störvariablen *Intelligenz* demonstriert:
Nehmen wir an, wir wollten zehn Vpn auf zwei Gruppen aufteilen und nach ihrer Intelligenz parallelisieren. Zunächst müssen wir das Konzept der Intelligenz operationalisieren und messen, z.B. durch einen bestimmten Intelligenztest. Nehmen wir an, wir hätten diesen Test mit den zehn Vpn durchgeführt und die folgenden Ergebnisse erhalten:

Vp1	IQ 110
Vp2	IQ 98
Vp3	IQ 120
Vp4	IQ 100
Vp5	IQ 116
Vp6	IQ 123
Vp7	IQ 105
Vp8	IQ 113
Vp9	IQ 108
Vp10	IQ 119

Wir ordnen die Vpn nach ihren IQ-Ergebnissen:

Vp6	IQ 123
Vp3	IQ 120
Vp10	IQ 119
Vp5	IQ 116
Vp8	IQ 113
Vp1	IQ 110
Vp9	IQ 108
Vp7	IQ 105
Vp4	IQ 100
Vp2	IQ 98

Nun bilden wir – da wir ja zwei Stufen der UV haben – Paare von Vpn. Dabei fassen wir solche zusammen, die in der Rangreihe ähnlich sind. Wenn wir ein Experiment mit mehr als zwei Gruppen durchführen (vgl. Kapitel 5), dann müssen wir die Vpn eben zu Dreier-Gruppen, Vierer-Gruppen, etc. zusammenfassen.

Vp6	IQ 123
Vp3	IQ 120
Vp10	IQ 119
Vp5	IQ 116
Vp8	IQ 113
Vp1	IQ 110
Vp9	IQ 108
Vp7	IQ 105
Vp4	IQ 100
Vp2	IQ 98

Die beiden Vpn pro Paar müssen wir nun jeweils einer der beiden Gruppen des Experimentes zuweisen. Es gibt dafür mehrere Möglichkeiten. Sehr brauchbar und in den meisten Fällen unproblematisch ist die Zufallsaufteilung jeden Paares.
Wir können also z.B. eine Münze werfen. Dabei legen wir folgende Regel fest:
Wenn die Münze mit der Zahl nach oben liegen bleibt, dann kommt die erste Vp des Paares in die Gruppe 1 und die zweite in die Gruppe 2. Ich habe beim Schreiben des Manuskriptes diese zufällige Aufteilung mit einer Münze durchgespielt. Bei mir ergaben sich die folgenden beiden Gruppen:

Gruppe 1: Vp6 Vp5 Vp8 Vp9 Vp2; mittlerer IQ der Gruppe: 111,6
Gruppe 2: Vp3 Vp10 Vp1 Vp7 Vp4; mittlerer IQ der Gruppe: 110,8

Die beiden Gruppen sind (natürlich) nicht völlig gleich, aber der Unterschied der Mittelwerte ist so klein, daß er vernachlässigbar ist.
Nicht empfehlenswert wäre es beispielsweise, die Rangordnung der Vpn heranzuziehen und die Vpn mit einem geraden Rangplatz in die eine Gruppe zu stecken, die mit ungeraden Rangplätzen in die andere. Wenn Sie dieses Verfahren durchspielen, dann müßte der Unterschied der Mittelwerte größer sein als der von vorher. Es ist allerdings möglich, daß die Zufallsaufteilung gerade diese ungünstige Aufteilung bringt. Die Wahrscheinlichkeit dafür hängt von der Größe der Stichprobe ab. Eine Möglichkeit, diesen Nachteilen zu entgehen, besteht darin, die mit dem Zufallsverfahren erzeugte Aufteilung auf ihre Extremität zu prüfen, und das Verfahren gegebenenfalls zu wiederholen.

Eine extreme Form des Parallelisierens bestünde darin, überhaupt nur Vpn heranzuziehen, bei denen eine Störvariable den gleichen Wert hat, also z.B. nur Vpn mit einem IQ von 105. Dies entspräche der Kontrolltechnik des Konstanthaltens, die ich im nächsten Abschnitt bespreche.

Das Hauptproblem beim Parallelisieren ist der im Vergleich zum Randomisieren höhere Aufwand. Die Störvariable muß erstens bekannt sein und zweitens gemessen werden. Mit der Operationalisierung ist z.B. bei der Störvariable *Geschlecht* kein großer Aufwand verbunden, bei der Messung der Intelligenz mit den meisten Intelligenztests jedoch durchaus.

Parallelisieren ist vor allem bei kleinen Stichproben besser als das Randomisieren, weil beim Randomisieren bei kleinen Stichproben die Wahrscheinlichkeit zu groß ist, zufällig Extremgruppen zu erzeugen.

(2) Randomisieren (randomizing)

Beim Randomisieren wird die Stichprobe nach dem Zufallsprinzip in zwei (oder mehrere) Gruppen aufgeteilt. Dafür gibt es viele Methoden, ich möchte nur einige Beispiele erwähnen.

Versuchen Sie bitte auf keinen Fall, den Zufall sozusagen in Ihrem Kopf zu erzeugen. Untersuchungen haben nachgewiesen, daß wir Menschen nicht in der Lage sind, etwa eine echte Zufallsreihenfolge von Zahlen zu produzieren.

Lose: Sie bereiten z.B. einhundert Lose vor. Auf fünfzig steht *Gruppe 1* auf den andern fünfzig *Gruppe 2*. Sie werfen die Lose in einen Behälter und mischen sie gut durch. Bei jeder Vp greifen Sie oder ein Helfer mit geschlossenen Augen in den Behälter und ziehen ein Los.

Münzwurf: Sie setzen als Regel fest: Wenn die Münze geworfen wird und mit der Zahl nach oben liegen bleibt, dann kommt die Vp in die Gruppe 1, sonst kommt sie in die Gruppe 2.

Zufallszahlen: Zufallszahlen kann man z.B. mit vielen Taschenrechnern erzeugen, manche Statistikbücher oder Einführungsbücher in die Experimentalpsychologie enthalten ebenfalls Tabellen von Zufallszahlen. Auch bei den Zufallszahlen muß man eine Regel festlegen, beispielsweise:

Ist die Zufallszahl eine gerade Zahl, so kommt die Vp in die Gruppe 1, ist die Zufallszahl ungerade, kommt die Vp in die Gruppe 2.

Meistens ist man daran interessiert, in beiden Gruppen gleich viele Vpn zu haben. Wenn man ein Zufallsverfahren (wie den vorher besprochenen Münzwurf und die Zufallszahlen) jedoch für jede einzelne Vp anwendet, kann es natürlich durchaus passieren, daß die beiden Gruppen unterschiedlich besetzt sind. Wenn man eine Münze zwanzig Mal wirft, muß ja nicht unbedingt genau zehn Mal Zahl oben liegen. Wenn man also gleich große Gruppen wünscht, ist es sinnvoll, immer zwei Vpn *gleichzeitig* mit dem Zufallsprinzip aufzuteilen. Sie würden also eine Zufallszahl erzeugen (lassen) und folgende Regel für zwei Vpn formulieren: Wenn die Zufallszahl gerade ist, dann kommt die nächste Vp in die Gruppe 1 und die übernächste in die Gruppe 2, wenn die Zufallszahl ungerade ist, dann umgekehrt.

Der Vorteil beim Randomisieren ist der, daß die Störvariable weder bekannt sein noch operationalisiert oder gemessen werden muß.

Der Nachteil ist, daß es trotz des Zufallsprinzipes ungleiche Gruppen geben kann. So wie beim Roulette zehn Mal rot hintereinander kommen kann, auch wenn das nicht sehr wahrscheinlich ist. Die Gefahr, daß trotz des Zufallsprinzipes ungleiche Gruppen erzeugt werden, ist natürlich umso größer, je kleiner die Stichprobe ist, die aufgeteilt wird. Randomisieren ist daher umso besser, je größer die Stichprobe ist.

4.4.2. Störvariablen der Untersuchungssituation

(1) Elimination

Die radikalste und wirksamste Technik, die Wirkung einer Störvariablen zu neutralisieren, ist es, diese Störvariable völlig auszuschalten. So könnte man z.B. störenden Lärm, der in den Untersuchungsraum dringt, durch eine geeignete Schalldämmung eliminieren.
Freilich können nicht alle Störvariablen ausgeschaltet werden: das Geschlecht der Vp, die Raumbeleuchtung, wenn sie etwas lesen muß, usw.

(2) Konstanthalten

Die Störvariable wird für die Dauer des Versuches konstant gehalten, alle Vpn sind ihr gleich ausgesetzt. So wird z.B. im Untersuchungsraum für eine gleichmäßige Raumbeleuchtung gesorgt, damit nicht durch ungleichmäßige Sonneneinstrahlung die Vpn unter unterschiedlichen Beleuchtungsbedingungen arbeiten müssen. Der Vl verhält sich allen Vpn gegenüber in ganz gleicher Weise, er ist darauf trainiert, die Anweisungen im gleichen Tonfall und den gleichen Worten zu geben, usw. In unserem Beispielsexperiment würde der Computer in beiden experimentellen Bedingungen die gleichen «Fehler» machen, etc.
Wichtig scheint, daß das Konstanthalten einer Störvariable *nicht* unbedingt heißt, daß diese Störvariable bei allen Vpn gleich wirkt. Ein und derselbe Vl mag z.B. auf die eine Vp sympathisch wirken, auf eine andere eher unsympathisch. Eine konstante Raumtemperatur von zwanzig Grad ist vielleicht für eine Vp gerade richtig, einer anderen ist es dabei schon zu kalt.
Der Experimentator hofft, daß mit der Zufallsaufteilung der Vpn die Störvariable wenigstens über die Gruppen hinweg konstant wirkt.

Ein Nachteil des Konstanthaltens von Störvariablen ist, daß es Auswirkungen auf die Verallgemeinerung oder Generalisierung des Ergebnisses haben kann. Wenn man z.B. ausschließlich Frauen als Vpn heranzieht, und damit die Störvariable *Geschlecht der Vp* konstant hält, erhebt sich die Frage, ob man das Ergebnis auch auf Männer verallgemeinern kann. Dies mag bei manchen Fragestellungen durchaus möglich sein, bei anderen aber nicht. So ist z.B. nicht zu erwarten, daß die Gesetzmäßigkeiten beim Verstehen gesprochener Sprache bei Frauen und Männern verschieden sind. Dagegen unterscheiden sich in unserer Kultur die Geschlechter durchaus in der Art und Weise, wie sie Emotionen in der Öffentlichkeit zeigen, weil eben für das Zeigen von Emotionen (z.B. Weinen) für Männer und Frauen unterschiedliche kulturelle Regeln gelten, die wir in der Kindheit lernen.
Man muß sich im Hinblick auf die spätere Generalisierung daher sehr gut überlegen, welche Störvariablen durch Konstanthalten kontrolliert werden sollen, und welche durch andere Methoden.

(3) Zufallsvariation

Anstatt nur eine einzige Stufe der Störvariable während des ganzen Experimentes konstant zu halten, kann man verschiedene Stufen der Störvariable variieren. Man muß dabei aber darauf achten, daß diese Variation nicht mit der Variation der UV parallel geht. Dies vermeidet man am besten mit einer Zufallszuweisung. Anstatt also beispielsweise nur einen einzigen männlichen Versuchsleiter einzusetzen, kann man mehrere Versuchsleiter von beiden Geschlechtern auf die Versuchspersonen loslassen. Welche Vp mit welchem Vl arbeitet, wird durch Zufall entschieden. Bei dem Aggressionsexperiment könnte man z.B. das aggressive Modell in unterschiedlichen Situationen agieren lassen, usw. Wenn die Stufen der Störvariable zufällig den Vpn zugeordnet werden, dann erhöht die Einführung von mehreren Stufen die Generalisierbarkeit des Ergebnisses.

(4) Einführung einer Kontrollgruppe

Mit der Einführung einer Kontrollgruppe können wir eine ganze Reihe von Störvariablen kontrollieren. Bei einem Experiment, bei dem uns beide Stufen der UV interessieren, ist jeweils die eine Gruppe die Kontrollgruppe für die andere. Ich weise nur auf die wichtigsten Gruppen von Störvariablen hin, die durch eine Kontrollgruppe neutralisiert werden; Details finden Sie z. B. in Sarris (1992, Kap. 15):

Veränderungen und Einflüsse zwischen den Zeitpunkten. Im Zuge der Untersuchung können bei Variablen der Vpn Veränderungen auftreten, z.B. die Vpn werden müde, sie gewöhnen sich an die experimentelle Situation und verlieren dabei ihre Angst, die Vpn werden hungrig und daher unaufmerksam, usw. Besonders wenn zwischen der Einführung der UV und dem Zeitpunkt der Feststellung der Ausprägung der AV viel Zeit vergeht, können auch äußerliche Ereignisse stören. So könnte etwa im Kinderprogramm des Fernsehens ein Film gezeigt werden, bei dem sich ein Modell nicht aggressiv verhält.
Wenn aber beide Gruppen des Experimentes dieser Störvariablen in gleicher Weise ausgesetzt sind, wird dadurch ihre Wirkung kontrolliert.

Reaktiver Effekt der Vorhermessung. Betrachten wir folgende Untersuchung: Die Vpn erhalten einen Fragebogen, der ihre Einstellung zu Gastarbeitern messen soll (Vorhermessung). Dann wird einer Gruppe von Versuchspersonen ein Film über die Schwierigkeiten von türkischen Gastarbeitern im deutschsprachigen Raum vorgeführt, die zweite Gruppe sieht in der gleichen Zeit einen Film über die Sprache der Bienen. Anschließend wird bei allen Vpn noch einmal die Einstellung zu Gastarbeitern mit einem Fragebogen erhoben (Nachhermessung). Es ist nun durchaus möglich, daß die Vorhermessung bereits einen Einfluß ausübt. Es könnte ja sein, daß durch den Fragebogen bei der Vorhermessung bei den Vpn ein Denkprozeß in Gang gesetzt wird, und die Vp aufgrund ihrer Überlegungen bei der späteren Nachhermessung andere Antworten gibt. Es wäre auch denkbar, daß eine Vp sich ihre Antwort auf einc bcstimmte Frage merkt. Wenn diese Frage bei der Nachhermessung noch einmal gestellt wird, dann kann die Vp meinen, es werde ihre Konsistenz geprüft und sie würde deswegen die Frage gleich wie bei der Vorhermessung beantworten, auch wenn sie in Wirklichkeit ihre Meinung geändert hat. Effekte, wie in den beiden Beispielen, nennt man **reaktive Effekte** der ersten Messung. Die Kontrollgruppe ermöglicht die Neutralisierung dieser Effekte.

4.4.3. Konfundierung

Trotz aller Kontrolltechniken kann es durchaus passieren, daß eine Störvariable systematisch mit der UV variiert.Man nennt diesen Sachverhalt **Konfundierung** von Störvariable und UV. Wenn die UV mit einer Störvariablen konfundiert ist, kann das Ergebnis natürlich nicht auf die Wirkung der UV zurückgeführt werden, weil ja die Wirkung der UV nicht von der der Störvariablen getrennt werden kann.

Nehmen wir an, in unserem Aggressionsexperiment bestünde die Gruppe 1 (mit aggressivem Modell) nur aus Kindern aus einer Großstadt, die Gruppe 2 (ohne aggressives Modell) ausschließlich aus Kindern aus Landgemeinden, und wir hätten – im Sinne unserer Hypothese – bei Gruppe 1 tatsächlich ein höheres Ausmaß an aggressivem Verhalten beobachtet als bei Gruppe 2. Wegen der Konfundierung von UV und der Herkunft der Kinder können wir das Ergebnis nicht als Bestätigung unserer Hypothese ansehen. Wir wissen ja nicht, ob die größere Aggressivität der Gruppe 1 wirklich durch die Beobachtung des aggressiven Modells verursacht wurde, oder ob Großsstadtkinder «von Haus aus» aggressiver handeln als Kinder aus Landgemeinden.

Läßt sich eine Konfundierung nicht vermeiden, kann man kein Experiment durchführen. Anstatt aber gar nichts zu untersuchen, kann man die Konfundierung in kauf nehmen, und auf eine der nicht- experimentellen Methoden (z.B. Korrelationsforschung) ausweichen. Eventuell ist auch ein Quasi-Experiment (Kapitel 8) möglich. Freilich sind dann klare Ursache-Wirkungs-Aussagen wie bei einem (echten) Experiment nicht möglich.

Besonders unangenehm ist es, wenn man als Experimentator *nachträglich* in seinem Experiment eine Konfundierung entdecken muß, die man übersehen hat, oder wenn man auf eine solche aufmerksam gemacht wird. Das Experiment ist in diesem Falle unbrauchbar.
Man kann sich davor nie hunderprozentig schützen, aber es gibt doch Strategien, welche ein so unangenehmes und vielleicht sogar peinliches Ereignis unwahrscheinlich machen: Einmal das Studium der Fachliteratur, das hilft, mögliche Störvariablen zu entdecken. Zum anderen ist es höchst empfehlenswert, eine geplante Untersuchung rechtzeitig – das heißt *vorher* – mit kritischen und kompetenten Fachkollegen zu diskutieren.

Es kommt gelegentlich vor, daß sich eine Konfundierung erst viel später offenbart, wenn nämlich neue wissenschaftliche Erkenntnisse gewonnen wurden. Ein Beispiel findet man in der Forschung zur Kapazität des Kurzzeitgedächtnisses. Das Kurzzeitgedächtnis dient der kurzfristigen Speicherung von Information. Ohne Wiederholung bleibt die Information ca. 30 Sekunden erhalten. Erwachsene können im Durchschnitt 7 (+/– 2) Informationseinheiten im Kurzzeitgedächtnis behalten (z.B.: sieben Ziffern einer Zahlenreihe), die Kapazität des Kurzzeitgedächtnisses beträgt also ungefähr sieben Informationseinheiten. Eine Reihe von Untersuchungen hat nun zunächst die Hypothese bestätigt, daß die Kapazität von der Kindheit zum Erwachsenenalter zunimmt, von 2 auf die ca. 7 Informationseinheiten. Man hat in diesen Untersuchungen im Wesentlichen geprüft, wieviel Informationseinheiten eine Person noch richtig wiedergeben kann, wenn man ihr eine Serie von Informationseinheiten (z.B. Zahlen) präsentiert (z.B. vorspricht).

Neuere Forschungen haben allerdings in diesen Untersuchungen eine Konfundierung aufgedeckt: Wieviele Informationseinheiten ein Mensch im Kurzzcitgcdächtnis behalten (und daher korrekt wiedergeben) kann, hängt nicht nur von der Kapazität des Kurzzeitgedächtnisses ab, sondern auch von den kognitiven Strategien zur Speicherung von Information. Eine Strategie, die es erlaubt, mehr Information zu speichern, ist beispielsweise das sogenannte *Chunking*: Dabei werden mehrere Informationseinheiten zu einer Konfiguration zusammengefaßt, die dann wieder als *eine* Informationseinheit verarbeitet werden kann. Ein Beispiel: Die Zahlenfolge

4 6 1 8 8 2

hat die gleiche Zifferfolge wie der Geburtstag von Karl Valentin:

4. 6. 1882

Eine Vp, die mit der Biographie Karl Valentins gut vertraut ist, braucht also statt der sechsstelligen Zifferfolge nur eine einzige Informationseinheit (*Karl Valentins Geburtstag*) zu speichern. Untersuchungen haben ergeben, daß Kinder solche Strategien zur effektiveren Speicherung erst im Laufe ihrer Entwicklung lernen. Es ist daher bei den älteren Untersuchungen zur Entwicklung der Kapazität des Kurzzeitgedächtnisses nicht klar, ob die beobachtete Steigerung der Leistung des Kurzzeitgedächtnisses auf eine tatsächliche Kapazitätserhöhung zurückzuführen ist oder auf die zunehmende Beherrschung von effektiven Speicherungsstrategien (oder beides), ein typischer Fall von Konfundierung also. Einen Überblick über die Forschung zur Kapazität des Kurzzeitgedächtnisses und Strategien bei der Informationsverarbeitung finden Sie in Dempster (1981).

Dieses Beispiel zeigt, daß sich der Bewährungsgrad auch einer scheinbar gut bewährten Hypothese drastisch verändern kann, wenn die Aufdeckung einer Konfundierung eine Neueinschätzung der bisherigen Untersuchungsergebnisse notwendig macht.

4.5 Stichprobe

Diejenigen Menschen (oder auch Tiere), welche an einer Untersuchung teilnehmen, bilden die **Stichprobe.**[2] Die Stichprobe ist in der Regel nur eine sehr kleine Untermenge aus der Gesamtmenge (Grundgesamtheit, Population), aus der die Stichprobe stammt. Je nachdem, wie eine Stich-

2 Von einer **Verhaltensstichprobe** spricht man dann, wenn man nur einen Ausschnitt des interessierenden Verhaltens beobachten oder sonstwie registrieren kann. So wird man z.B. nicht das gesamte erzieherische Verhalten einer Mutter Tag und Nacht, ununterbrochen über Jahre hinweg, beobachten können, sondern nur ausgewählte Zeitabschnitte – eben Verhaltens*stichproben*. Für die Auswahl einer Verhaltensstichprobe gelten im Prinzip die gleichen Kriterien wie für die Auswahl einer Stichprobe von Menschen.

probe gezogen - d.h. aus der Population ausgewählt - wird, kann man verschiedenen Typen von Stichproben unterscheiden.

Sie werden in der empirischen Sozialforschung (z.B. der Demoskopie) sehr viele Unterscheidungen von Stichprobentypen finden. Für unsere Zwecke ist diese Differenzierung nicht notwendig. Ich möchte daher die Einteilung der Stichproben ganz einfach halten und beschränke mich auf zwei Aspekte: den Zufall bei der Stichprobenauswahl und das Problem der Schichtung.

4.5.1 Stichproben mit/ohne Zufallsauswahl

Ein wesentlicher Aspekt für die Klassifizierung der Stichprobe ist, ob sie mit Hilfe eines Zufallsverfahrens ausgewählt wurde oder nicht. Bei einem Zufallsverfahren hat jedes Element der Grundgesamtheit (Population) die gleiche Chance, in die Stichprobe aufgenommen zu werden. Wenn der Zufall keine Rolle spielt, sind die Chancen sehr verschieden. Es kann z.B. passieren, daß nur Vpn ausgewählt werden, die zum Bekanntenkreis des Versuchsleiters zählen.

Die Schwierigkeit bei der Zufallsauswahl besteht in ihrem hohen Aufwand und den mit ihr verbundenen Kosten. Man benötigt zunächst einmal eine (möglichst) vollständige Liste aller Elemente der Population. Hat man eine derartige Liste, kann mit Hilfe eines beliebigen Zufallsverfahrens (Lose, Zufallszahlen, etc.) die für die Stichprobe gewünschte Zahl von Personen gezogen werden. Derartige Listen sind aber gar nicht so einfach zu erhalten. Selbst das Wählerverzeichnis erfaßt z.B. die Nichtwahlberechtigten nicht.
Die Kosten, die mit einer echten Zufallsauswahl verbunden sind, sind unter Umständen sehr beträchtlich. Nehmen Sie an, Sie möchten eine Zufallsauswahl aus allen Erwachsenen des deutschsprachigen Raumes ziehen. Nehmen wir weiter an, Sie hätten eine vollständige Liste der Population. Es könnte dann ohne weiteres der Fall eintreten, daß Ihre zwanzig Versuchspersonen über den ganzen deutschen Sprachraum verstreut sind, von Hamburg über Bayern und Ostösterreich bis in die Nordwestschweiz. Da entweder der Versuchsleiter oder die Versuchspersonen reisen müßten, würde Ihr Forschungsbudget ganz schön belastet werden. Aus diesem Grunde werden ausgefeilte Zufallsstichproben hauptsächlich bei großen, meist auch kommerziell genützten Untersuchungen (z.B. Meinungsumfragen, Untersuchungen zum Eichen eines Tests) gezogen.

Im Forschungsalltag muß man sich in der Regel bestenfalls mit einer sehr eingeschränkten Zufallsauswahl begnügen. Man wählt z.B. nur Vpn, die in der gleichen Stadt leben, oder gar nur Studenten der eigenen Universität.

Ganz besondere Sorgfalt ist nötig, um Fehler bei der Liste der Elemente der Population zu vermeiden. Es wäre z.B. falsch, das Telephonbuch als Liste der Einwohner anzusehen, da ja bekanntlich nicht alle Bewohner einer Stadt im Telephonbuch stehen, und z.B. bei einer fünfköpfigen Familie nicht jedes Mitglied ein eigenes Telefon hat. Gefährlich ist es z.B. auch, etwa zu bestimmten Zeiten an bestimmten geographischen Orten zufällig Passanten auszuwählen. Wenn man beispielsweise um zehn Uhr vormittag in der Fußgängerzone auf Vpn lauert, gibt man nur einem Teil der Population die Chance, bei der Untersuchung mitzumachen. Alle Berufstätigen, die um diese Zeit an ihrem Arbeitsplatz werken, kommen nicht in Frage. Dies zeigt, daß man bei der Auswahl einer Zufallsstichprobe mit großer Sorgfalt vorgehen muß. Hat man aber eine Zufallsstichprobe gezogen, dann bietet diese die beste Grundlage für eine Generalisierung, weil man eben Störvariablen, die mit der Teilnahme am Experiment zusammenhängen, mit Hilfe des Zufalles kontrolliert.

Es scheint mir wichtig anzumerken, daß die scheinbare Dichotomie Zufallsauswahl/keine Zufallsauswahl in Wirklichkeit eine Variable mit vielen Abstufungen ist. Die echte Zufallsauswahl und die bewußte Auswahl bilden dabei die Extrempunkte. In der Forschungspraxis muß man fast immer einen Kompromiß schließen. Man wählt eine Zufallsstichprobe aus den Studenten der Fakultät, den Bewohnern des umgebenden Stadtviertels, den Patienten einer bestimmten Klinik, usw. Leider werden aber auch allzu viele Untersuchungen durchgeführt, bei denen das Zufallselement weitestgehend ausgeschaltet ist. Häufig werden nämlich als Vpn nur Psychologiestudenten herangezogen, vorzüglich solche in den allerersten Semestern, die sich womöglich noch aus eigener Initiative zur Teilnahme melden. Hier sind die Generalisierungsmöglichkeiten *unter Umständen* stark eingeschränkt, da sich z.B. die Einstellungen von Psychologie-Studenten von denen der Gesamtbevölkerung in bestimmten Bereichen drastisch unterscheiden. Ein weiteres Problem bei der Stichprobenauswahl ist die Freiwilligkeit der Teilnahme. Auch bei einer Zufallsauswahl ist mit der Auswahl der Vp aus der Liste ihre Teilnahme ja noch nicht garantiert. Die Vp muß zunächst einmal gebeten werden. Erfahrungsgemäß nehmen nicht alle Vpn teil, die man um ihre Mitarbeit bittet. So kann eine zusätzliche Störvariable eingebracht werden, vor allem dann, wenn ein größerer Prozentsatz von Vpn eine Teilnahme verweigert. Ob eine Vp teilnimmt oder nicht, hängt von sehr vielen Variablen ab: Sympathie bzw. Antipathie gegenüber der werbenden Person, Aufwand, der für die Vp verbunden ist, oder die Belohnung, die der Vp versprochen wird. Auch der Gegenstand des Experimentes ist von Bedeutung. So ist es leichter, Vpn zur Teilnahme an einem einfachen Wahrnehmungsexperiment zu gewinnen, als zur Teilnahme an einem Experiment aus der Sexualforschung, bei dem die Vp unter experimentell kontrollierten Bedingungen masturbieren muß.

4.5.2 Stichprobe mit/ohne Schichtung

Eine geschichtete Stichprobe spiegelt die Verteilung in der Population auf einer bestimmten Variablen wider. Wenn z.B. in der Population 55% weiblich und 45% männlich sind, dann enthält die geschichtete Stichprobe den gleichen Prozentsatz. In analoger Weise geht man bei der Verteilung der Berufsgruppen, des Bildungsgrades, etc. vor. Man kann die Stichprobe auch gleichzeitig nach mehreren Variablen schichten, beispielsweise nach Bildungsgrad, Geschlecht und Alter.

Ein gewisses Problem bei der Schichtung ist das Folgende: Manche Variablen könnte man leicht schichten, weil sie leicht operationalisierbar sind und weil über ihre Verteilung in der Bevölkerung genügend Information vorhanden ist (z.B. in den statistischen Jahrbüchern der verschiedensten Länder). Beispiele sind: Geschlecht, Alter, Hundebesitz, religiöse Zugehörigkeit, etc. Oft sind jedoch solche Variablen für die Untersuchung nicht wichtig. Andererseits kann man bedeutsame Störvariablen häufig nicht zur Schichtung der Stichprobe heranziehen (z.B. Einstellung zu bestimmten Fragen), weil sie aufwendig zu operationalisieren sind und/oder keine statistischen Daten darüber verfügbar sind.

4.5.3 Typen von Stichproben

Klassifiziert man die wichtigsten Stichprobentypen nach den beiden Dimensionen: Auswahl mit/ohne Zufall und Stichprobe mit/ohne Schichtung, dann erhält man die in der Tabelle 3 dargestellten Typen.

Tabelle 3: Typen von Stichproben

	Stichprobe mit Zufallsauswahl	Stichprobe ohne Zufallsauswahl
Stichprobe ohne Schichtung	Zufallsstichprobe	anfallende Stichprobe (bewußt ausgewählte Stichprobe, Anfallsstichprobe)
Stichprobe mit Schichtung	geschichtete Zufallsstichprobe	Quotenstichprobe

Die Bezeichnungen **Zufallsstichprobe** und **geschichtete Zufallsstichprobe** bedürfen wohl keiner weiteren Erläuterungen.
Einige Worte zu den Stichproben ohne Zufallsauswahl. Bei wissenschaftlichen Untersuchungen – nicht bei Meinungsumfragen – dürfte

die häufigste Stichprobenart die **anfallende Stichprobe** sein, bestenfalls noch eine Mischung aus Zufallsstichprobe und Anfallsstichprobe. Da an Psychologischen Instituten Studenten des eigenen Faches am leichtesten erreichbar sind, stellen Gruppen von Psychologiestudenten - besonders der Anfangssemester - die häufigsten Stichproben dar. Dies ist meiner Meinung nach nicht nur auf finanzielle Kostenfaktoren zurückzuführen, sondern zu einem guten Teil auch auf Bequemlichkeit der Forscher. Inwieweit die Konzentration auf Studenten als Versuchspersonen die Forschungsergebnisse beeinflußt, ist eine offene Frage.
Die **Quotenstichprobe** wird bei Meinungsumfragen sehr häufig verwendet. Der Interviewer erhält die Vorgabe, eine bestimmte Zahl von Personen mit ganz bestimmten Schichtungsmerkmalen zu interviewen, z.B. sechs Frauen und sechs Männer mit Volksschulbildung, zwei Frauen und drei Männer mit Hochschulabschluß, usw. Die Interviewer müssen die Vorgaben einhalten, können aber die Versuchspersonen aus einem ihnen leicht zugänglichen Personenkreis mehr oder weniger willkürlich auswählen.

Wenn Sie sich über Stichproben und die damit zusammenhängenden Probleme ausführlicher informieren möchten, empfehle ich Ihnen den Artikel von Hartmann (1993).

4.6. Empirische Vorhersage und statistische Hypothese

Sicherheitshalber wiederhole ich noch einmal, wie eine Hypothesenprüfung generell abläuft:
Aus der Sachhypothese wird eine empirische Vorhersage entwickelt. Diese empirische Vorhersage wird mit den Daten der empirischen Untersuchung verglichen. Stimmen Vorhersage und Daten überein, ist die Sachhypothese bestätigt, weicht die Vorhersage von den Daten (zu weit) ab, ist sie falsifiziert. Die Statistik hilft uns zu entscheiden, ob unsere Daten mit unserer empirischen Vorhersage übereinstimmen, oder bedeutsam (= signifikant) von ihr abweichen.

4.6.1 Empirische Vorhersage

Eine empirische Vorhersage wird aus der Sachhypothese entwickelt, auf der Basis der Operationalisierung, des Versuchsplanes, der Art und Weise der Kontrolle der Störvariablen, der Stichprobe *und* des fachlichen und methodischen Hintergrundwissens.

Nehmen wir beispielsweise an, wir hätten zu der Aggressionshypothese ein Experiment geplant, in etwa folgendermaßen: Wir haben dreißig Kinder im Alter zwischen 12 und 14 Jahren zufällig aus einer Gruppe von Kindern ausgewählt, die sich für ein zweiwöchiges Computercamp in den Sommerferien angemeldet haben. Wir haben zwei Gruppen mit je 15 Kindern gebildet, dabei haben wir nach Geschlecht parallelisiert. Die Kinder jeder der beiden Gruppen sehen im Einzelversuch einen Videofilm, in dem ein Modell am Computer agiert (wie in Abschnitt 4.1 skizziert). Die Kinder der Gruppe A sehen ein aggressives Modell, welches den Computer bei «Fehlern» beschimpft oder auch gelegentlich leicht schlägt. Die Kinder der Gruppe NA beobachten ein nichtaggressives Modell, das bei «Fehlern» neutral reagiert. Die relevanten Störvariablen hätten wir kontrolliert. Anschließend beobachten wir jedes Kind bei der Arbeit am Computer. Wir haben den Computer so präpariert, daß er in dem Beobachtungszeitraum bei jedem Kind 15 offensichtliche «Fehler» macht. Wir registrieren für jedes Kind, in wieviel von den 15 Situationen es aggressiv reagiert.

Aufgrund der Sachhypothese (*Wenn eine Person X beobachtet, daß sich ein Modell Y in einer bestimmten Situation S aggressiv verhält, dann steigt die Wahrscheinlichkeit, daß sich Person X in Situation S ebenfalls aggressiv verhält*) würden wir bei dem eben skizzierten Experiment in etwa folgende empirische Vorhersage machen:
In der experimentellen Bedingung der Gruppe A reagieren die Vpn aggressiver als in der experimentellen Bedingung der Gruppe NA.
Diese empirische Vorhersage können wir nun mit den empirischen Daten vergleichen.

Nur am Rande - weil vermutlich ohnehin selbstverständlich - möchte ich festhalten, daß eine empirische Vorhersage durchaus auch dann möglich ist, wenn sich die Hypothese auf theoretische Konzepte bezieht, die selbst nicht direkt beobachtbar sind.
So sind z.B. die Struktur des Langzeitgedächtnisses oder unbewußte Ängste und Wünsche (im Sinne Freuds) nicht selbst direkt beobachtbar. Wenn die Theorie jedoch reich genug ist, in welche die Hypothese eingebettet ist, können bei entsprechender Gestaltung der empirischen Untersuchung durchaus empirische Vorhersagen abgeleitet werden. So behauptet z.B. Freuds Theorie, daß unbewußte Ängste zu spezifischen Fehlern beim Sprechen führen können (Versprecher). Wenn es also gelingt, Versprecher in einem Experiment gezielt zu provozieren, dann könnte man die empirische Vorhersage treffen, daß z.B. jene Vpn, bei denen sexuelle Ängste induziert wurden, auch mehr sexuell gefärbte Versprecher produzieren. Motley, Baars & Camden (1983) fassen die Ergebnisse von mehreren Experimenten zum Thema *Versprecher* und Möglichkeiten zur Erklärung des Phänomens zusammen.

4.6.2 Statistische Hypothese

Ich werde diesen Abschnitt sehr kurz halten, weil ich natürlich keine Einführung in die Statistik bieten kann und will. Vermutlich werden die allermeisten Leser und Leserinnen ohnehin derzeit zumindest an einer Einführung in die Statistik teilnehmen oder aber bereits über statistische Kenntnisse verfügen. Gelegentlich werde ich eine Anmerkung für Leser und Leserinnen mit statistischen Grundkenntnissen machen. Ich bitte die anderen, diese Bemerkungen zu überlesen.

Ich habe oben bereits erwähnt, daß neben der UV noch eine Reihe von Störvariablen die AV beeinflußt und damit die Wirkung der UV mehr oder weniger stark verschleiert.

Es ist beispielsweise in unserem Aggressionsexperiment sehr wahrscheinlich, daß es in der Gruppe mit dem aggressiven Modell Vpn gibt, die eine *geringere* Aggressionshäufigkeit aufweisen als einige Vpn der Gruppe mit dem nicht-aggressiven Modell. Dies ist *auch dann* zu erwarten, wenn unsere Hypothese wahr ist, weil es eben Vpn gibt, die z.B. ihre Aggressivität eher ausleben, während andere sich wieder sehr zurückhalten. Diese unterschiedliche Bereitschaft, Aggressivität nach außen zu zeigen, könnte z.B. von dem in der Familie des Kindes üblichen Stil beeinflußt sein. Diese Störvariable ist zwar insgesamt vermutlich durch die Zufallsaufteilung der Vpn in die beiden Gruppen neutralisiert, aber sie erhöht die Variabilität der AV-Werte. Darüber hinaus gibt es viele Störvariablen, die wir nicht kontrolliert haben, weil wir sie in unserem Kontext für nicht relevant halten (z.B. die Blutgruppe der Kinder). Schließlich muß man überall dort, wo Meßinstrumente gleich welcher Art eingesetzt werden, mit unvermeidlichen Meßfehlern rechnen, z.B. bei Tests, aber auch wenn ein Beobachter als «Meßinstrument» dient. So könnte bei-

spielsweise der Vl, der registrieren soll, wie aggressiv bzw. nichtaggressiv sich die Vp bei einem «Fehler» des Computers verhält, bei einem dieser «Fehler» unaufmerksam sein, und versehentlich eine Eintragung in die Spalte «aggressives Verhalten» machen, während die Vp tatsächlich nicht-aggressiv reagiert hat.
Wir brauchen daher ein Mittel, um die Variabilität der AV-Werte, die von Störvariablen und Meßfehlern verursacht wird, von den systematischen Unterschieden zu trennen, die von der Veränderung der UV herrühren. Dieses Mittel bietet uns die Statistik.

Der erste Schritt der Anwendung der Statistik besteht in der Auswahl eines geeigneten statistischen Verfahrens (z.B. t-Test, Varianzanalyse, Vorzeichen-Test, ein Verfahren der Bayes-Statistik, etc.). Dazu muß zunächst einmal geklärt werden, *was* für die Prüfung der Sachhypothese eigentlich zu prüfen ist, z.B. Unterschiede zwischen Mittelwerten, eine Interaktion (vgl. 5.2.2), etc. Es muß aber auch geprüft werden, welche Voraussetzungen (z.B. bezüglich des Skalenniveaus der Messung, bezüglich der Form der Verteilung, etc.) ein in Frage kommendes Verfahren hat und inwieweit diese Voraussetzungen in der Untersuchung erfüllt werden.

Ist geklärt, welches statistische Verfahren der konkreten Untersuchung angemessen ist, können die statistischen Hypothesen (z.B. Nullhypothese und Alternativhypothese) formuliert werden. Diese basieren auf der Sachhypothese und der statistischen Theorie. In der klassischen Inferenzstatistik ist die Alternativhypothese die Umsetzung der Sachhypothese bzw. der empirischen Vorhersage (z. B.: Der Mittelwert der Aggressionshäufigkeit von Gruppe A ist größer als der von Gruppe NA), während die Nullhypothese behauptet, daß kein Unterschied besteht.

Mit Nachdruck möchte ich darauf hinweisen, daß man unbedingt **vor** der eigentlichen Durchführung eines Experimentes klären soll, welches statistische Verfahren angemessen ist und wie die statistischen Hypothesen lauten.
Dies ist einmal deswegen notwendig, weil es die Logik der statistischen Verfahren erfordert, daß bestimmte Werte vorher festgesetzt werden, z.B. das Signifikanzniveau bei den Verfahren der Inferenzstatistik (t-Test, Varianzanalyse, Chi-Quadrat-Test, etc.) oder die *a-priori*-Wahrscheinlichkeit der Hypothese bei der Bayes-Statistik.
Der andere Grund ist ein pragmatischer: Besonders bei komplizierteren Versuchsplänen mit mehreren UVn (vgl. Kapitel 5.2) gibt es nicht für alle möglichen Versuchspläne auch statistische Verfahren. Hat man diesen Punkt nicht vorher abgeklärt, kann es unter Umständen ein böses Erwachen geben, weil man die Daten nicht in befriedigender Weise auswerten kann. Wenn man auch die statistische Auswertung vorher plant, kann man den Versuchsplan noch verändern, eventuell die Meßmethoden abändern, so daß ein höheres Skalenniveau erzielt wird, etc.

Auf zwei Punkte möchte ich noch hinweisen:

- Verwenden Sie (im Rahmen der Hypothesenprüfung) nur solche statistische Verfahren, die Sie auch wirklich verstehen. Sie werden sonst Schwierigkeiten haben, die Resultate zu interpretieren.
- Lassen Sie sich *rechtzeitig* beraten. Erleichtern Sie aber dem Berater die Arbeit, indem Sie mit sich selbst vorher möglichst genau abklären, welche UVn mit welchen Stufen Sie zu variieren gedenken, welchen Versuchsplan Sie einsetzen möchten, welches Skalenniveau ihre AVn erreichen, usw.

4.6.3 Zusammenfassung

Abbildung 3 (S. 110) faßt die Entwicklung der empirischen Vorhersage und der statistischen Hypothesen zusammen.

4.7 Durchführung

In diesem Kapitel geht es um den konkreten praktischen Ablauf eines Experimentes.

4.7.1 Ablauf

Bei der Planung eines Experimentes müssen wir genau festlegen, in welcher Reihenfolge was geschieht. Gewisse Abläufe sind in den meisten Fällen von der Natur der Sache her vorgegeben:

Begrüßung der Versuchsperson
Instruktion (Anweisung, was die Vp zu tun hat)
Einführung der jeweiligen UV-Stufe
Operationalisierung der AV
Verabschiedung der Vp

Andere Aspekte des Ablaufes sind jedoch offen.
So ist beispielsweise nicht bei allen Untersuchungen von vornherein festgelegt, ob alle Vpn einzeln untersucht werden (**Einzelversuch**) oder ob man mit mehreren Vpn gleichzeitig arbeitet (**Gruppenversuch**).
In dem Aggressionsexperiment könnten wir z.B. mehrere Vpn gleichzeitig vor das Fernsehgerät setzen, auf dem das aggressive Modell gezeigt wird. Auch bei einer Fragebogenuntersuchung muß man nicht jede Vpn einzeln den Fragebogen ausfüllen lassen.
Beide – der Einzelversuch und der Gruppenversuch – haben ihre spezifischen Vor- und Nachteile.

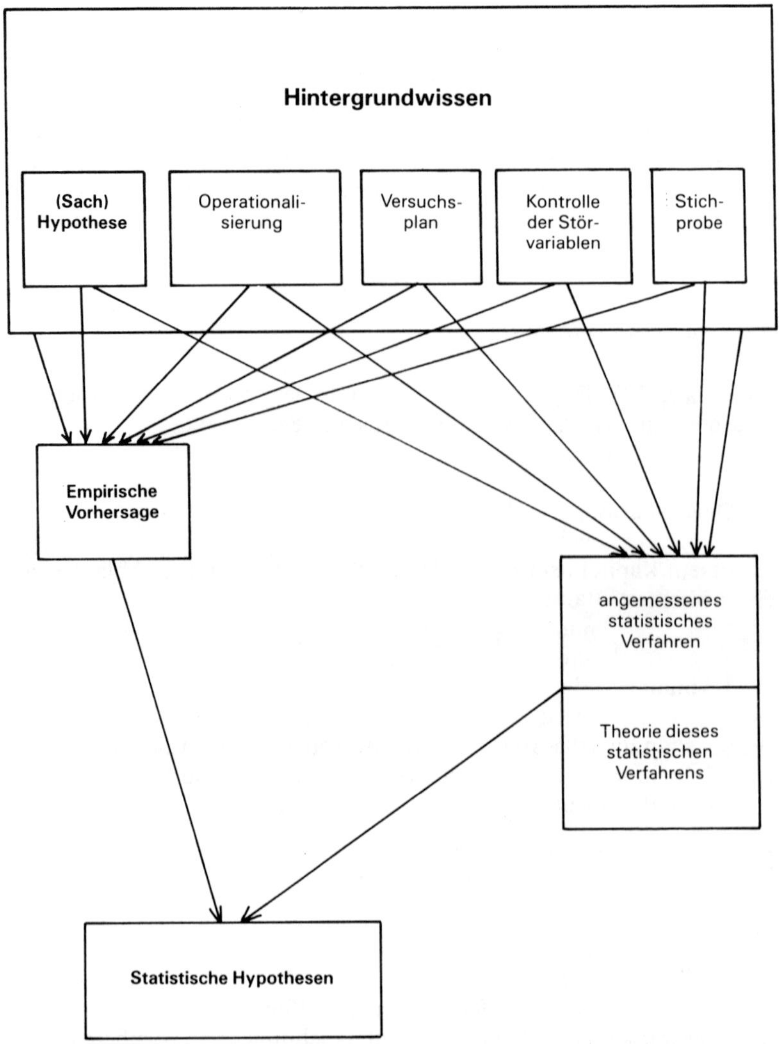

Abbildung 3: Entwicklung der empirischen Vorhersage und der statistischen Hypothesen. Ein Pfeil von A nach B zeigt an, dass A die Entwicklung von B (mit)beeinflusst.

Der Gruppenversuch ist im Vergleich zum Einzelversuch im allgemeinen wesentlich ökonomischer. Wenn das Ausfüllen eines Fragebogens eine Stunde dauert, dann dauert die Untersuchung im Einzelversuch bei zwanzig Vpn eben mindestens zwanzig Stunden. Wenn ich alle zwanzig Vpn in einem Raum versammle und diese gleichzeitig ihren Fragebogen ausfüllen, dauert der Versuch ca. eine Stunde.
Der Nachteil beim Gruppenversuch ist der, daß die Gruppensituation unter Umständen das Verhalten der einzelnen Vpn verändern und stören kann. Man führt also mit der gleichzeitigen Anwesenheit von anderen Vpn neue zusätzliche Störvariablen ein. Eine Vp kann z.B. beobachten, wie ihre Nachbar-Vp eine Frage ankreuzt, und ihr eigenes Verhalten danach richten. Bei der Beobachtung des aggressiven Modells mag eine der Vpn zu lachen beginnen, dies könnte die Situation für die anderen Vpn stark verändern.
Der Einzelversuch ist im Vergleich dazu aufwendig, vermeidet aber die durch die Gruppe eingeführten Störvariablen. Darüber hinaus glaube ich (ich kann dies nicht mit empirischen Daten belegen), daß Vpn einen Einzelversuch ernster nehmen, zumindestens wenn im Gruppenversuch große Gruppen gebildet werden. Unter anderem deswegen, weil sie ja sehen, daß der Versuchsleiter für diesen Versuch die gleiche Zeit «opfert» wie die Vp selbst.

Wenn es gelingt, die mit der Anwesenheit anderer Vpn verbundenen Störvariablen zu kontrollieren, ist natürlich gegen einen Gruppenversuch nichts einzuwenden.

Für die Planung des zeitlichen Ablaufes der Untersuchung sind Überlegungen zu zwei Punkten notwendig: Wieviele Vpn will man pro Tag un-

tersuchen, und welcher zeitliche Abstand soll zwischen zwei Vpn eingeschoben werden.

Die Tätigkeit als Versuchsleiter ist recht anstrengend. Man muß ja während des ganzen Versuches konzentriert sein und stets die Kontrolle über das Geschehen haben. Dies kann unter Umständen für den Vl sehr erschöpfend sein. Es empfiehlt sich daher, solange man die Belastungen für den Versuchsleiter noch nicht abschätzen kann, eher wenige Vpn pro Tag vorzusehen.

Zwischen je zwei Vpn sollte man unbedingt für einen ausreichenden Zeitpuffer sorgen. Bei einem Experiment, das keine besonderen z.B. apparativen Vorbereitungen erfordert, bewähren sich fünfzehn Minuten Pause sehr gut. Das mag auf den ersten Blick zuviel erscheinen, eine ganze Reihe von Gründen spricht aber für einen derartigen Zeitpuffer zwischen zwei Vpn. Man muß damit rechnen, daß manche Vpn sich verspäten, so daß die Untersuchung eben erst später als geplant beginnen kann und damit auch später als geplant endet. Insbesondere bei Studenten muß man mit Unpünktlichkeit rechnen (ich muß dies sagen, auch wenn mir das Herz noch so blutet). Der Zeitpuffer gibt dem Vl auch die Möglichkeit, sich auf die nächste Vp vorzubereiten, die Unterlagen zu ordnen, aufzuräumen, usw. Die Pause ist aber auch notwendig für das Wohlergehen des Versuchsleiters. Er hat dann die Chance, zwischen zwei Vpn zu verschnaufen, jemanden anzurufen, die Toilette aufzusuchen, einen Kaffee zu trinken, usw.

4.7.2. «Pflege» der Vpn

(1) Allgemeine Behandlung

Der Vl soll dafür sorgen, daß sich die Vp in der Untersuchungssituation möglichst wohl fühlt. Angst, Unsicherheit, etc. von Vpn oder Versuchstieren sind Störvariablen. Schon aus diesem Grund sollte man sie möglichst vermeiden.

Die Vp sollte nicht nur freundlich und höflich begrüßt, sondern auch ebenso verabschiedet werden. Da der Vl bei vielen Untersuchungen der Gastgeber der Vp ist, soll er sich auch entsprechend benehmen.

Am Schluß des Experimentes sind die Versprechen, die man der Vp vorher gegeben hat, strikt einzuhalten. Das betrifft nicht nur eine etwaige Bezahlung der Vp. Wenn man der Vp zugesagt hat, ihr genauere Information über das Experiment im nachhinein zu geben, dann sollte man das tun, zumindestens sollte man es anbieten. Vor allem, wenn die Vp unangenehmen Situationen ausgesetzt war (z.B. Schmerz, Streß), muß der Experimentator den Zweck des Experimentes erklären und die Notwendigkeit für die unangenehme Situation begründen. Dies gilt auch für den

Fall, daß im Experiment eine Täuschung der Vp notwendig war. Die Verpflichtung des Vl, unangenehme Situationen für die Vp oder Täuschung vor der Vp zu rechtfertigen, erschwert den leichtfertigen Einsatz von solchen Maßnahmen. Für die Einhaltung der Versprechen, etc., sprechen nicht nur moralische Gründe (vgl. Kapitel 9), sondern auch praktische. Wenn es sich nämlich z.B. herumspricht, daß bei einem Versuch die gegebenen Versprechen nicht eingehalten werden, kann der Zustrom von Vpn versiegen.

Die anfängliche Angst, Spannung, etc. von Vpn in einer Untersuchungssituation kann man mildern durch eine sogenannte **Anwärmphase**

(Adaptationsphase). Dies ist eine Anfangsphase im Experiment, in der die Vp Gelegenheit hat, mit der neuen Situation, den Räumlichkeiten und dem Vl etwas vertrauter zu werden und dadurch ihre Unsicherheit abzubauen. Empfehlenswert ist es z.B., mit der Vp zunächst ein wenig zu plaudern. Die Vp soll auch Gelegenheit haben, sich im Raum umzusehen. Dies gilt besonders für Kinder. Wenn man ihnen nicht die Zeit läßt, einen neuen Raum zu erkunden, dann tun sie das mit hoher Wahrscheinlichkeit während des Experimentes und sind dadurch abgelenkt. Versuchstiere sollten den Vl bereits kennen, ebenso sollten sie z.B. an den Käfig (o.ä.) gewöhnt sein, in dem die Untersuchung stattfindet.
Idealerweise sollte die Dauer der Anwärmphase an die jeweilige Vp angepaßt sein.Sie sollte auch nicht zu lange sein, weil sich sonst die Vp z.B. fragt, wozu sie überhaupt gekommen ist, wenn man eine halbe Stunde mit ihr über das Wetter und andere Alltäglichkeiten plaudert.

Wenn die Vp in der Untersuchung mit einer neuen Aufgabe konfrontiert wird, kann es sich als nützlich erweisen, eine (oder auch mehrere) derartige Aufgaben als Anwärmaufgaben vorher durchzuführen. Dies gibt der Vp die Gelegenheit, sich mit der neuen Aufgabe etwas vertraut zu machen. Die AV kann auch bei der Aufwärmaufgabe in gleicher Weise operationalisiert werden, wie bei den «Ernstaufgaben». Diese Daten werden jedoch nicht in die Auswertung einbezogen. Wenn eine Vp also z.B. Therapeuten beurteilen soll, die nach verschiedenen Merkmalen beschrieben sind, dann könnte man einige derartige Beurteilungen von Therapeuten als Anwärmaufgabe den eigentlichen Beurteilungen vorangehen lassen. Natürlich ist eine Anwärmaufgabe nur dann sinnvoll, wenn man nicht gerade an dem Effekt der Neuheit der Aufgabe interessiert ist.

Im Umgang mit der Vp und der Gestaltung des Ablaufes muß man unbedingt darauf achten, daß die Vp nicht die Hyothese des Vl errät. Nehmen wir an, wir wären daran interessiert, wie sich die Einstellung der Vp zu einer anderen Person durch negative oder positive Information ändert. Man könnte dabei folgendermaßen vorgehen: Zuerst wird mit einem Fragebogen die Einstellung der Vp zu einer bestimmten Person erhoben. Dann gibt der Vl dieser Vp Informationen über die betreffende Person (je nach Versuchsgruppe positive oder negative). Anschließend wird der Vp wieder ein Fragebogen über ihre Einstellung zu der bestimmten Person vorgelegt. Bei dieser Versuchsanordnung ist es durchaus nicht unwahrscheinlich, daß Vpn die Absicht und Hypothese des Experimentators erraten. Dieses Wissen um die Hypothese kann das Verhalten der Vp verändern, je nachdem, ob sie dem Vl «helfen» will, oder ob sie ihm «eins auswischen» möchte.

(2) Anwerbung

Oberstes Prinzip beim Anwerben von Vpn ist die Freiwilligkeit der Teilnahme. Ein Mensch muß ohne jeden Nachteil für sich ablehnen können, an einer Untersuchung teilzunehmen. Auch für dieses Prinzip sprechen nicht nur moralische Gründe (vgl. 9), sondern auch praktische. Vpn, die sich zur Teilnahme gezwungen fühlen, können durchaus versuchen, gegen den Vl zu arbeiten und das Experiment zu boykottieren (vgl. 7.2.2).

Im Normalfall muß der Versuchsleiter die prospektive Vp dazu überreden, etwas zu tun, was sie sonst nicht tun würde: nämlich an dieser wissenschaftlichen Untersuchung teilnehmen. Man muß daher die Teilnahme auch irgendwie attraktiv für die Vp machen, z.B. durch eine finanzielle oder andersartige Belohnung. Für viele Vpn genügt allein der

Hinweis, daß sie durch ihre Teilnahme einen Beitrag zum Fortschritt der Wissenschaft leisten. Im Zusammenhang damit muß der Vp die Bedeutung der Untersuchung deutlich gemacht werden. Man sollte natürlich nicht die Wichtigkeit eines Experimentes allzusehr übersteigern, weil dies leicht unglaubwürdig wirkt, aber man sollte darauf achten, daß die Bedeutung auch nicht durch die Wortwahl herabgesetzt wird. Es ist eindrucksvoller, Vpn für die Teilnahme an einer wissenschaftlichen Untersuchung zu werben als für die Teilnahme an einer Untersuchung für die Diplomarbeit. Man muß sich vor Augen halten, daß viele Vpn durchaus bereit sind, ein kleines Opfer zu Gunsten der Wissenschaft zu bringen, aber nicht, wenn es sich nur um eine für den Fortschritt der Wissenschaft eigentlich unwesentliche Untersuchung handelt, deren Sinn in der Ausbildung liegt (z.B. experimentelle Übungen).

Bei der Werbung dürfen vor allem negative und unangenehme Aspekte der Untersuchung nicht verschwiegen werden. Die Versuchsperson soll ja nicht übertölpelt werden, sondern sie soll ausreichend informiert ihre Entscheidung treffen können. Dies heißt nicht, daß die Vp über Details der Untersuchung informiert werden muß, insbesondere auch deswegen, weil es oft sehr aufwendig wäre, Nicht-Psychologen eine psychologische Fragestellung klar zu machen. Es genügt, der Vp den Bereich der Psychologie mitzuteilen, zu dem die Untersuchung beitragen will: Wahrnehmungspsychologie, Sozialpsychologie, Psychologie des Denkens, usw.
Ich habe schon betont, daß die Vp nur auf freiwilliger Basis am Experiment teilnehmen darf. Dies heißt aber auch, daß man als Versuchsleiter die Vp nicht unter ungebührlichen Druck - auch sozialen Druck - setzt.

Es dürfte im allgemeinen einfacher sein, Versuchspersonen für ein Experiment zu gewinnen, das nur eine Viertelstunde dauert, während vor einem Zwei-Stunden-Experiment viele potentielle Vpn scheuen. Dies könnte werbende Vl dazu verführen, bei der Zeitangabe zu mogeln. Ich kann davon nur abraten, und nicht nur aus moralischen Gründen. Nehmen wir an, der Vl hätte bei der Werbung von einer Dauer von dreißig Minuten gesprochen, tatsächlich dauert aber das Experiment ca. eine Stunde. Die Reaktionen der Vpn auf eine derartige deutliche Zeitüberschreitung können vielfältig sein, ich möchte nur drei wichtige herausgreifen: Die Vp wird - nachdem die dreißig versprochenen Minuten deutlich überschritten wurden - unruhig, fragt sich, wann nun endlich das Ende komme, schielt auf die Uhr, etc. Die Vp kann aber auch das Manöver des Werbers als Bauernfängerei durchschauen, sich ärgern und dadurch ihr Verhalten im Experiment verändern. Die Vp könnte aber auch schlicht an der Kompetenz des Vl zweifeln: Wenn sich der Vl schon in der Zeit so vertan hat, wo hat er noch Fehler gemacht und wo kennt er sich darüberhinaus nicht aus? Alle diese Möglichkeiten bilden natürlich eine unerwünschte Quelle von Störvariablen. Es ist daher schon aus diesem

Grunde günstiger, den Vpn die wahre Dauer des Experiments nicht zu verschweigen. Ich persönlich habe es mir zur Gewohnheit gemacht, die Dauer eines Experimentes eher zu hoch anzugeben. Die Vp ist dann von dem meistens früheren Ende überrascht und kann dann nicht zum Abschluß noch ihr Verhalten ändern. Außerdem ergibt sich so ein zusätzlicher Zeitpuffer.

Zum Abschluß möchte ich betonen, daß bei der Werbung durchaus auch gesagt werden soll, was die Untersuchung *nicht* will. So ist es z.B. sinnvoll, den Vpn mitzuteilen, daß bei dem Experiment keine intimen persönlichen Daten erhoben werden, daß keine Tests durchgeführt werden, daß sie nicht «geprüft» wird, usw. Auch falsche Hoffnungen, die sich vielleicht manche Vpn machen, sollten im vorhinein zerstreut werden: Ein Experiment und die Teilnahme daran ist üblicherweise weder Beratung noch Therapie.

Bei der Werbung der Vpn sollte auch unbedingt darauf hingewiesen werden, daß die Teilnahme anonym ist und daß die Daten ausschließlich wissenschaftlichen Zwecken dienen.

(3) Verhältnis Vp – Vl

Die Vp gibt sich für eine gewisse Zeit in die Hand des Experimentators, sie ist bereit, seine Anweisungen entgegenzunehmen und sie auszuführen, auch wenn sie die Begründung dafür erst später erfährt. Sie wird dies umso eher tun, je kompetenter und sicherer der Vl auf sie wirkt und je mehr sie ihn als Autorität anerkennt. Der Vl sollte also diese Rolle im Experiment oder einer anderen Untersuchung erfüllen. Er sollte sich daher beispielsweise nicht unbedingt sofort mit der Vp verbrüdern. Erfahrungsgemäß ist das für manche Studenten der ersten Semester schwierig, insbesondere dann, wenn ihr Gegenüber ein gleichaltriger Student ist. Der Rollenkonflikt führt dann beim Versuchsleiter zu unsicherem und inkompetent wirkendem Verhalten. Bei der Vp kann die auch nur zeitweise Unterordnung unter die Autorität eines Gleichaltrigen ebenfalls Probleme bringen.

Der Vl kann das adäquate Rollenverhalten durchaus lernen, Rollenspiele in experimentellen Praktika sind ein brauchbarer Anfang.
Im Zweifelsfall kann es aber auch notwendig sein, die Kompetenz und Autorität des Vl durch Äußerlichkeiten herauszustreichen. So führt man eine Befragung z.B. nicht in der Cafeteria durch, sondern in einem Raum des Instituts; der Versuchsleiter kann durch Kleidung Distanz schaffen (z.B. Krawatte), usw.

4.7.3 Räumlichkeiten

Es ist wohl selbstverständlich, daß sich als Räume für wissenschaftliche Untersuchungen solche eignen, die möglichst störungsfrei sind, möglichst gut belüftet, beleuchtet und wohltemperiert. Weniger gut geeignet sind öffentliche Stätten (Cafeteria, Gänge des Instituts, usw.). Nicht nur, weil hier die oben genannten Kriterien oft nicht erfüllt sind, sondern weil die Anwesenheit anderer Personen in der Umgebung das Verhalten der Versuchsperson beeinflussen kann. Viele Leute zeigen geänderte Reaktionen, wenn sie meinen, beobachtet zu werden.

Je stärker die Kontrolle der Störvariablen sein muß, desto eher empfiehlt sich, das Experiment im *Labor* durchzuführen. Unter «Labor» ist dabei ein spezieller Untersuchungsraum eines wissenschaftlichen Instituts gemeint. Häufig sind derartige Räume speziell ausgestattet: Anschlüsse für Computerterminals und Meßgeräte, Apparate, Einwegspiegel, usw. Wenn eine Untersuchung aber nur Hilfsmittel benötigt, die man leicht transportieren kann (Papier und Bleistift, einen tragbaren Computer, usw.), dann kann sie prinzipiell überall dort durchgeführt werden, wo Versuchsleiter und Vp ungestört miteinander arbeiten können: in der Wohnung der Vp, in einem Nebenraum im Kindergarten, in einem nicht benützten Umkleideraum eines Sportvereines, usw. Oft ist es nämlich leichter, Vpn zur Teilnahme am Experiment zu bewegen, wenn sie sich nicht extra in ein Institut begeben müssen, sondern der Vl zu ihnen kommt. Als günstiger Nebeneffekt ergibt sich unter Umständen eine größere Generalisierbarkeit von der Umgebung des Experimentes her.

Freilich hat es nur dann Sinn, derartige Räumlichkeiten auszunützen, wenn man tatsächlich ungestört ist. Es soll also z.B. nicht das Kind der Vp alle zehn Minuten ins Wohnzimmer kommen, um zu sehen, was seine Mutter macht, der Fernseher soll ausgeschaltet sein, usw.

In sehr großen Räumen kann man mit Hilfe von Wandschirmen oder ähnlichen Hilfsmitteln einen Raum für die Untersuchung abteilen, der größere Intimität gewährleistet.

Bei der Auswahl der Räume für eine Untersuchung muß man dafür sorgen, daß Versuchspersonen vorher nicht miteinander über das Experiment reden können. Man sollte also nicht unbedingt mehrere Vpn gemeinsam in einem Wartezimmer warten lassen. So wie Patienten eines Arztes im Wartezimmer gelegentlich Krankheitssymptome austauschen, könnten sonst Vpn Hypothesen über das Experiment diskutieren, ihre Einstellung zu verschiedenen psychologischen Fragen besprechen, usw. Ganz besonders wichtig ist es, daß Vpn, die das Experiment bereits *hinter* sich haben, nicht darüber mit Vpn reden können, die es noch *vor* sich haben, insbesondere dann, wenn die Vpn zu verschiedenen Gruppen des Experimentes gehören.

4.7.4. Hilfsmittel und Geräte

Ein Hilfsmittel in einer Untersuchung ist all das, was zur Durchführung der Untersuchung notwendig ist, mit Ausnahme der Vp, des Vl und des Raumes, in dem die Untersuchung stattfindet. Wichtige Hilfsmittel sind Vorrichtungen zum Aufzeichnen der Daten. Im einfachsten Fall genügen Papier und Bleistift, nach oben sind der Phantasie eigentlich keine Grenzen gesetzt: Videorekorder, Computerterminals, usw. Wie aufwendig die Hilfsmittel bei einem Experiment sein müssen, und ob - und wenn ja, welche - Apparaturen notwendig sind, hängt natürlich von dem speziellen Experiment und seinen Operationalisierungstechniken ab. Hierzu gehören einfache Tonbandgeräte zum Aufzeichnen dessen, was die Vp sagt, bis zu komplizierten physiologischen Meßgeräten, wie z. B. zum Aufzeichnen der hirnelektrischen Potentiale. Eine immer größere Rolle als Hilfsmittel beim Experimentieren spielen Computer. Diese werden sowohl zur Operationalisierung von UV und AV eingesetzt als auch zum Registrieren von Daten und zur gesamten Versuchssteuerung. Ich werde darauf in Kapitel 4.7.5 etwas genauer eingehen.

Im Zusammenhang mit Hilfsmitteln und Geräten lohnt es sich, sich vor Augen zu halten, daß diese auch versagen können. In vielen Fällen kann der Vl vorsorgen und einen Ersatz bereitstellen. So ist es z.B. eine einfache Vorsichtsmaßnahme, einen Ersatzbleistift mitzunehmen. Aber auch Geräte wie ein Diaprojektor oder ein Blutdruckmeßgerät verweigern ge-

legentlich ihren Dienst, ohne daß man vorsorglich ein Zweitgerät bereitstellen kann. Das mindeste, was der Versuchsleiter tun kann, ist, sich auf derartige Fälle seelisch vorzubereiten und rechtzeitig planen, was er tun will. Damit kann man verhindern, daß ein Geräteversagen wie ein Blitz aus heiterem Himmel auf den ahnungslosen Versuchsleiter niederfährt und ihn so schockt, daß er wie gelähmt ist.

In der Fachliteratur finden Sie immer wieder Beschreibungen und Diskussionen von Geräten, die für bestimmte Zwecke zur Operationalisierung eingesetzt werden. Groner (1978) z.B. beschreibt seine Apparatur zur Registrierung von Augenbewegungen, in Scherer & Ekman (1982) werden u.a. verschiedene Methoden zur Registrierung und Analyse von nonverbalem Verhalten (Mimik, Gestik, Parasprache, Körperhaltung, etc.) vorgestellt und diskutiert (z.B. technische Systeme für audiovisuelle Aufzeichnungen). Solche Beschreibungen und Diskussionen sind natürlich außerordentlich nützlich, wenn man für die Operationalisierung von Variablen auf Apparate angewiesen ist.

4.7.5 Die Rolle des Computers

Wie in anderen Bereichen unseres Lebens hat der Computer auch in der Psychologie und insbesondere der Experimentellen Psychologie zu – teilweise durchaus dramatischen – Veränderungen geführt. Auf die Erleichterung des Schreibens durch Textverarbeitungsprogramme brauche ich gar nicht einzugehen. Statistikprogrammpakete wie z. B. SPSS oder SYSTAT ermöglichen es uns, auch komplexe Auswertungsverfahren problemlos und bequem durchzuführen. Eine mögliche Gefahr derartiger Programmpakete liegt darin, daß man durch ihre einfache Bedienbarkeit dazu verführt wird, auch solche statistische Verfahren zu verwenden, die man nicht versteht.

Geradezu revolutionäre Umwälzungen haben Computer in der Operationalisierung von UVn und AVn gebracht. Früher waren experimentalpsychologische Abteilungen mit zahlreichen mehr oder weniger komplizierten Apparaten und technischen Vorrichtungen ausgestattet, die zur Durchführung von z. B. Wahrnehmungs- oder Gedächtnisexperimenten unbedingt notwendig waren. Heute ist ein großer Teil dieser technischen Geräte durch oft ganz einfache Computerprogramme ersetzbar.

Ein Beispiel ist die sogenannte Gedächtnistrommel. Sie diente dazu, der Vp einzelne Lernitems, wie z. B. Worte oder Paare von sinnlosen Silben, für eine bestimmte Zeit und in regelmäßigen zeitlichen Abständen zu präsentieren. Die Lernitems wurden z. B. auf Kärtchen geschrieben, die auf die Außenseite einer schmalen Trommel gesteckt wurden. Die Trommel befand sich in einem Kasten, der ein kleines Fenster hatte, in dem nur ein Lernitem sichtbar war. Durch einen Motor wurde die Trommel in regelmäßigen Abständen um jeweils ein Kärtchen weitergedreht. Auch einem Programmieranfänger dürfte es kaum Schwierigkeiten bereiten, ein Programm zu schreiben, das die gleiche Aufgabe erfüllt.

Hans Irtel hat eine Fülle von Programmen für verschiedenste Teilbereiche der Allgemeinen Psychologie entwickelt. Diese Programme können gratis (!) über öffentlich zugängliche e-mail-Adressen bezogen werden. Details finden Sie in Irtel (1993). Auch die American Psychological Association (APA) bietet einen Katalog von Computerprogrammen für viele Experimente.

Tests werden ebenfalls immer mehr mit Hilfe des Computers dargeboten. Dies hat nicht nur den Vorteil, daß die Auswertung üblicherweise ebenfalls programmiert ist, und das Ergebnis daher sehr rasch vorliegt, es ist auch möglich, durch interaktive Programme einen Test für die jeweilige Vp «maßzuschneidern». Einen Überblick über die Computerdiagnostik finden Sie z. B. in Hänsgen & Merten (1992).

Manche Operationalisierungen sind ohne Computer praktisch nicht möglich. Ein Beispiel sind die computersimulierten Mikrowelten (z. B. Lohhausen, Fire-Chief), wie sie im Bereich des Komplexen Problemlösens eingesetzt werden. Solche Mikrowelten simulieren z. B. eine Stadt oder die Ausbreitung eines Waldbrandes und haben manchmal durchaus Ähnlichkeiten mit Computerspielen. Einen Überblick findet man z. B. in Frensch & Funke (1995).

Ein zusätzlicher Vorteil der Verwendung von Computern in der Operationalisierung ergibt sich aus der einfachen Möglichkeit, auch die Reaktionen der Vp mit Hilfe eines Programmes zu speichern. Dies ist nicht nur bequem, sondern man kann die Daten so speichern, daß sie dann direkt in ein Stati-

stikprogramm übernommen werden können. Dies hilft, die sonst fast unvermeidlichen Fehler beim Eintippen von Daten zu vermeiden.

Ein möglicher Nachteil der Operationalisierung von Variablen mit Hilfe des Computers könnte bei Stichproben auftreten, welche im Umgang mit dem Computer unerfahren sind oder gar Angst vor ihm haben. Auch hier kann eine Aufwärmephase helfen.

Computer unterstützen uns aber nicht nur bei der Operationalisierung, sondern es ist u. U. möglich, den gesamten Ablauf eines Experimentes durch ein Programm steuern zu lassen. Instruktionen, Applikationen der experimentellen Bedingungen, Operationalisierungen, Vorgabe von Aufgaben etc., all das läßt sich einem Programm übertragen, wenn nötig auch interaktiv, d. h. abhängig von Reaktionen der Vp. Ein Beispiel für ein Programmpaket, welches es recht einfach ermöglicht, die Durchführung eigener Experimente in einer unkomplizierten Sprache zu programmieren, ist ERTS (Experimental Run Time System), oder das System von Beringer (1993). Für Macintosh Computer gibt es z. B. das Superlab (1994). Speziell für die Darbietung von (farbigen) Bildern wurde MATCHING 1.2 (Leder & Theiler, 1995) entwickelt.

Ich sehe (mindestens) drei Vorteile, wenn die Durchführung eines Experimentes vom Computer übernommen wird:

1. Entlastung des Vl: Vl sparen Zeit und Streß, auf jeden Fall dann, wenn das Programm einmal steht. Die Anwesenheit des Vl ist dann pro Vp meist nur in der Anfangs- und Schlußphase des Experimentes notwendig. Man braucht als Vl auch keine Angst zu haben, Fehler zu machen.
2. Standardisierung des Versuchsablaufes: Wenn ein geeignetes Programm den Ablauf steuert, ist die Varianz des Vl-Verhaltens (im weitesten Sinn) als Quelle von Störvariablen eben ausgeschaltet.
3. Ausschalten des Vl: Dies ist immer dann sinnvoll, wenn man mit einem Vl-Erwartungseffekt rechnen muß (siehe Kap. 7.1.1.).

Insgesamt kann man sagen, daß Computer die Durchführung von Experimenten und anderen empirischen Untersuchungen deutlich erleichtern, und daß ohne sie manche Operationalisierungen (z. B. im Bereich des Komplexen Problemlösens) gar nicht möglich wären.

4.7.6 Instruktion

In der Instruktion teilt der Vl der Vp mit, was sie eigentlich zu tun hat. Sie bildet in vielen Fällen den Kern eines Experimentes, daher kann ihre Bedeutung kaum überschätzt werden.

Die Instruktion ist de facto eine **Gebrauchsanweisung** für die Vp, analog der Gebrauchsanweisung, die technischen Geräten beigelegt ist. Wenn die Gebrauchsanweisung unvollständig, verwirrend oder sonst irgendwie unverständlich ist, hat man eben große Schwierigkeiten, z.B. einen Videorekorder in Betrieb zu setzen. Die Situation für die Vp in einem Experiment ist aber noch schlimmer: Während man als Käufer eines Gerätes wenigstens weiß, ob man einen Toaster oder einen Heimcomputer erworben hat, weiß die Vp im Experiment praktisch überhaupt nicht, was auf sie zukommt. Es muß ihr daher *alles* mitgeteilt werden, auch, das, was man als Experimentator für selbstverständlich hält.

Die Instruktion muß mindestens folgende Komponenten enthalten:
(1) Der allgemeine Zweck des Experimentes muß erklärt werden, aber nicht in der psychologischen Fachsprache, sondern in einer der Vp angepaßten Art und Weise. Es ist nicht notwendig, dabei in Details zu gehen, es genügt z.B. die Angabe, daß es um eine Untersuchung zum Sehen geht, daß die Untersuchung das Verhalten bei Entscheidungen erforscht, usw. Ich persönlich sage meinen Vpn, daß ich sie am Beginn der Untersuchung natürlich nicht über Details informieren kann, weil diese sie unter Umständen beeinflussen würden, daß ich ihnen aber am Ende gerne über alles genau Auskunft erteilen werde. Dies wird auch von nichtstudentischen Vpn akzeptiert.

(2) Der Vp muß ganz genau gesagt werden, was nun geschehen wird und was sie im Detail zu tun hat. Z.B. wird die Vp instruiert, daß auf dem Projektionsschirm Bilder gezeigt werden für jeweils drei Sekunden und daß es ihre Aufgabe ist, sich diese Bilder möglichst gut zu merken.

(3) Der Experimentator muß der Vp möglichst klar sagen, welches Ziel sie anstreben soll. Sie soll z.B. sich jedes Bild möglichst gut merken, sie soll so schnell wie möglich auf einen bestimmten Reiz reagieren, sie soll wirklich versuchen, eine bestimmte Denkaufgabe zu lösen, usw.

(4) Der Experimentator sollte kontrollieren, ob die Vp die Instruktion verstanden hat. Dies kann auf direktem Wege geschehen, indem man die Vp fragt: «Haben Sie alles verstanden?», «Haben Sie Fragen?», usw. Besonders bei Kindern, gelegentlich auch bei Erwachsenen, wird man aber immer die Antwort kriegen, daß alles verstanden wurde, auch dann, wenn der Vp in Wirklichkeit alles unklar ist. Diesem Problem kann man auf zweierlei Art begegnen: Man kann die Vp auffordern, die Instruktion so wiederzugeben, wie sie sie verstanden hat. Man kann aber auch eine Probe machen, die es erschließen läßt, ob die Vp verstanden hat oder nicht. Wenn die Vp z.B. möglichst schnell auf ein optisches Signal reagieren soll, dann kann man ihr Verständnis der Instruktion testen, indem man ihr probehalber einige Signale bietet und beobachtet, ob sie tatsächlich konzentriert und schnell reagiert.

Betrachten wir als Beispiel eine relativ einfache Instruktion zu einem Experiment, bei dem folgendes geschieht: Die Vp sitzt in einem bequemen Sessel vor einer Projektionsleinwand. In der Mitte der Projektionsleinwand ist ein feines, aber gut sichtbares schwarzes Kreuz. Der Versuchsleiter projiziert auf die Leinwand Bilder für jeweils 0,5 Sekunden. Die Vp soll beschreiben, was sie auf dem Bild erkannt hat. Die folgende Instruktion ist natürlich nicht die einzig mögliche:

> *Ich werde Ihnen nun auf dieser Projektionswand hier (*Vl zeigt auf Projektionswand*) Bilder zeigen. Sagen Sie mir bitte nach jedem Bild, was auf dem Bild zu sehen ist. Ich zeige Ihnen die einzelnen Bilder nur ganz kurz. Sie werden daher des öfteren ein Bild nicht*

genau erkennen können. Sagen Sie mir aber bitte trotzdem, was Sie gesehen haben.
*Weil ich Ihnen die Bilder nur kurz zeige, ist es sehr wichtig, daß Sie auch wirklich auf die Projektionswand blicken. Ich werde daher jedes Mal «jetzt» sagen, bevor ich Ihnen ein Bild zeige. Hier auf der Projektionswand ist ein schwarzes Kreuz (*zeigen*). Wenn ich «jetzt» sage, dann schauen Sie bitte auf dieses Kreuz.*
Machen wir eine Probe:

Wie groß die Bedeutung der Instruktion für ein Experiment ist, kann man daran ersehen, daß oft die Variation der UV ausschließlich durch die Instruktion erzeugt wird.
In einem meiner Experimente ging es z.B. um die Fragestellung, ob Menschen andere Entscheidungsstrategien verwenden, wenn sie eine Entscheidung zu treffen haben, die ihnen unangenehm ist, im Vergleich mit neutralen oder angenehmen Entscheidungen. Den Vpn wurden in diesem Experiment fünf Personenbeschreibungen vorgelegt, und zwar von Feinmechanikern. In dieser Beschreibung waren berufliche Qualifikationen ebenso enthalten wie z.B. persönliche Aspekte, wie die Zahl der Kinder oder das Alter des jeweiligen Feinmechanikers. Die Unangenehmheit der Entscheidung wurde nun durch die Instruktion variiert:
Eine Gruppe von Vpn erhielt die Instruktion, daß dies fünf Feinmechaniker seien, die in einem bestimmten Betrieb angestellt sind. Der Betrieb ist aber in derartigen Existenzschwierigkeiten, daß unbedingt einer der fünf Feinmechaniker entlassen werden muß, damit die Firma als solche weiterbestehen kann. Die Versuchsperson hatte die Aufgabe, aus den fünf Kandidaten denjenigen auszuwählen, der entlassen werden soll. Für die Versuchspersonen war das eine unangenehme Entscheidung. Bei der anderen Stufe der UV wurde folgende Instruktion gegeben: Eine kleine Firma mit fünf angestellten Feinmechanikern möchte einen sechsten einstellen. Es haben sich die fünf Kandidaten beworben, und die Versuchsperson hat die Aufgabe, denjenigen auszuwählen, den sie einstellen würde. Die fünf Kandidaten waren in beiden Bedingungen des Experimentes identisch, die eigentliche Aufgabe wurde ausschließlich durch die Instruktion variiert.

Wenn es möglich ist, empfiehlt es sich, zu prüfen ob die Instruktion tatsächlich die gewünschte Wirkung hat. Dies ist in dem eben beschriebenen Experiment relativ einfach: Man braucht nur am Ende des Experimentes zu erheben, wie angenehm oder unangenehm die Vpn die Aufgabe einschätzen, die sie eben bewältigt haben. Wenn die Aussage der Vpn mit der beabsichtigten Wirkung der Instruktion übereinstimmt, hat man damit ihre Wirksamkeit nachgewiesen.

Nach meiner Erfahrung haben viele Studenten am Anfang ihrer Laufbahn als Versuchleiter große Schwierigkeiten damit, eine brauchbare Instruktion zustande zu bringen. Instruktionen müssen aber nicht nur für ein Experiment entwickelt werden, sondern auch für nichtexperimentelle Untersuchungen oder Anwendungen in der Praxis. Erlauben Sie mir daher einige Hinweise, die Sie bei der Formulierung einer Instruktion beachten sollten:

- Die Instruktion sollte so kurz wie möglich sein, aber auch so lang wie nötig.
- Verwenden Sie eine möglichst einfache Sprache, vermeiden Sie Fachausdrücke und Fremdwörter.
- Formulieren Sie die Instruktion in *gesprochener* Sprache, nicht in *geschriebener*! Dies auch dann, wenn die Vp im Experiment die Instruktion liest. Wir im deutschsprachigen Raum tendieren dazu, uns beim Schreiben kompliziert und eher schwer verständlich auszudrücken.
- Sich kurz zu fassen heißt nicht, daß man wenige, dafür aber lange Sätze macht. Konstruieren Sie kurze Sätze, vermeiden Sie Nebensätze wenn möglich, und verzichten Sie ganz auf Schachtelsätze.
- Setzen Sie bei der Vp **nichts** voraus. Was dem Experimentator selbstverständlich ist, ist es für die Vp nicht. Wenn Sie z.B. die Vp anweisen: *... drücken Sie die Antworttaste*, dann müssen Sie vorher der Vp erklären, wo und was die Antworttaste ist. Woher soll die Vp das sonst wissen?
- Verwenden Sie Zeitwörter in ihrer aktiven Form, nicht in der passiven.
  NICHT: *Es wird Ihnen jetzt eine ... vorgelegt.*
  SONDERN: *Ich lege Ihnen jetzt eine ... vor.*
- Verwenden Sie keine Mittelwortkonstruktionen.
  NICHT: *Wenn ..., dann drücken Sie auf die auf der rechten Seite des Tisches befindliche Taste.*
  SONDERN z.B.: *An der rechten Seite des Tisches ist eine Taste angebracht (*zeigen*). Wenn ..., dann drücken Sie diese Taste.*
- Sagen Sie «ich», wenn Sie von sich selbst sprechen, nicht «wir» (wo sind denn die anderen?) oder «der Versuchsleiter» (wer ist das wieder?).
- Testen Sie die Instruktion, bevor Sie mit dem eigentlichen Experiment beginnen. Nur so bekommt man heraus, ob man verständlich formuliert hat, ob man etwas vergessen hat, usw. Dabei sollten Sie die Instruktion unbedingt so vorgeben, wie sie dann im Experiment an die Vp herangebracht wird: Also mündlich, wenn sie auch im Experiment mündlich gegeben wird, und schriftlich, wenn auch im Experiment die Vp die Instruktion zu lesen bekommt.

Noch ein Wort zu der Frage, ob die Instruktion mündlich oder schriftlich gegeben werden soll. Beide Möglichkeiten sind brauchbar, welche von beiden besser ist, hängt von der konkreten Untersuchung ab.
Die Instruktion soll nur dann schriftlich vorgegeben werden, wenn man sicher ist, daß die Vp die nötige Ruhe hat und sich so viel Zeit zum Lesen nimmt, wie sie braucht, um das Geschriebene zu verstehen. Gerade auf

den letzten Aspekt sollten Sie achten, weil sich manche Vpn selber unter Druck setzen (möglicherweise aus Prestigegründen), die Instruktion möglichst schnell zu lesen. Dabei gehen dann aber häufig wichtige Details verloren.
Wenn man die Instruktion mündlich gibt, spielen Tonfall und die begleitende Mimik und Gestik eine große Rolle. Diese nonverbalen Aspekte der Sprache müssen unbedingt konstant gehalten werden. Veränderungen in der Betonung können ja unter Umständen den Inhalt eines Satzes stark verändern. Es gibt zwei Möglichkeiten zur Kontrolle dieser Störvariablen: Die Instruktion wird einmal auf Tonband oder Video gesprochen, das Band wird jeder Vp vorgespielt. Die andere Möglichkeit besteht im Training des Vl. Der Versuchsleiter muß schlicht und einfach üben, die Instruktion in gleicher Betonung, Geschwindigkeit, begleitet von der gleichen Mimik und Gestik, usw. zu sprechen. Tonband und Video sind hervorragende Hilfsmittel beim Training.

4.7.7 Standardisierung der Untersuchungsbedingungen

Alle Variablcn, die nicht vom Experimentator als UV systematisch verändert werden oder aber wirklich zufällig variieren, sollten im Experiment standardisiert werden, d.h. konstant gehalten werden. So kann man erreichen, daß Störvariablen nicht ungewollt und unbemerkt mit der (oder einer) UV konfundiert sind.

4.7.8 Probelauf (Vorexperiment)

Bevor man das eigentliche Experiment startet, empfiehlt es sich unbedingt, einen Probelauf (Vorexperiment, siehe 3.4.1) wenigstens mit einigen Vpn zu machen. Nur so kann man testen, ob der Ablauf zufriedenstellend geplant wurde, ob man alles bedacht hat, was man benötigt, ob der Zeitplan realistisch ist, ob unvorhergesehene Probleme auftauchen, usw. Als Versuchsleiter kann man beim Probelauf alle seine Aktivitäten üben. Die Vpn des Probelaufes werden natürlich nicht in die Auswertung einbezogen. Trotzdem ist der gesamte Ablauf und auch die Datenerhebung genauso wie im Ernstexperiment.

4.8 Ergebnis

Ist die Durchführung des Experimentes abgeschlossen, muß das Ergebnis des Prozesses der Hypothesenprüfung erarbeitet werden. Zunächst werden die statistischen Hypothesen geprüft. Von dem Ergebnis dieser Prüfung wird auf die empirische Vorhersage geschlossen, und von dieser auf die Bestätigung oder Falsifikation der (Sach)Hypothese.

4.8.1 Statistische Auswertung

Mit den im Experiment erhobenen Daten werden die Prüfgrößen des statistischen Verfahrens berechnet. Das Ergebnis der statistischen Prüfung ist - auf der Basis dieser Prüfgrößen - die Bewertung der statistischen Hypothesen, z.B. daß die Nullhypothese auf dem 1%-Signifikanzniveau verworfen werden kann und die Alternativhypothese akzeptiert wird.
Ich gehe auf die Prüfung der statistischen Hypothese nicht weiter ein. Gestatten sie mir nur einige Randbemerkungen:

- Organisieren Sie die Daten möglichst bereits bei der Erhebung so übersichtlich, daß Sie sie möglichst leicht weiterverarbeiten können.
- Wenn Sie die Daten mit einem Statistikprogramm auswerten, informieren Sie sich möglichst früh über alle notwendigen Aspekte, z.B. wie Variablen für das Programm zu definieren sind, wie die Daten eingegeben

werden müssen, etc. Wird ein Einführungskurs in die Benutzung der Statistikprogramme angeboten, so nützen Sie dieses Angebot! Die Wahrscheinlichkeit, daß Sie im Laufe Ihres Studiums mit diesen Programmen arbeiten möchten (z. B. im Rahmen der Diplomarbeit), ist sehr hoch.
- Sorgen Sie dafür, daß Sie kontrollieren können, ob Sie die Daten ohne Fehler eingegeben haben, z.B. indem Sie die eingegebenen Werte ausdrucken lassen und mit den Originalwerten vergleichen. Tippfehler passieren allzu leicht.

Unter der Voraussetzung, daß das statistische Prüfverfahren adäquat ist, kann man von der statistischen Hypothesenprüfung auf die Gültigkeit oder Ungültigkeit der empirischen Vorhersage schließen.
Gehen wir zurück zu unserem Beispielsexperiment zur Prüfung der Aggressionshypothese. Wir hätten z.B. beschlossen, einen t-Test für unabhängige Stichproben als statistisches Prüfverfahren durchzuführen. Nehmen wir an, die Auswertung unserer Daten hätte ergeben, daß die Nullhypothese (es besteht kein Unterschied in den Mittelwerten der Populationen, denen die Gruppen A und NA angehören) auf dem 1%-Signifikanzniveau zurückgewiesen werden kann und daß der Durchschnittswert der Gruppe A größer ist als der von Gruppe NA. In diesem Fall könnten wir also schließen, daß unsere empirische Vorhersage (*In der experimentellen Bedingung der Gruppe A reagieren die Vpn aggressiver als in der experimentellen Bedingung der Gruppe NA*) zutrifft. Allerdings müssen wir dabei die Einschränkung machen, daß wir mit einer Wahrscheinlichkeit von 1% eine Fehlentscheidung getroffen haben.

4.8.2 Schluß auf die Sachhypothese

Die Prüfung der statistischen Hypothese und der empirischen Vorhersage ist ein wichtiger Schritt bei der Hypothesenprüfung. Letztendlich ist man als Wissenschaftler aber nicht so sehr an den statistischen Hypothesen interessiert, und auch nicht so sehr an der empirischen Vorhersage, sondern an (Sach)Hypothesen. Man muß also vom Ergebnis der Prüfung der statistischen Hypothese und der empirischen Vorhersage auf die Sachhypothese zurückschließen.

Abbildung 4 faßt noch einmal die Entwicklung der empirischen Vorhersage und der statistischen Hypothese zusammen.
Wenn wir nun auf die Sachhypothese zurückschließen, gehen wir von der Voraussetzung aus, daß die Operationalisierung stimmig ist, der Versuchsplan der Prüfung der Hypothese angemessen ist, die relevanten Störvariablen durch geeignete Kontrollmaßnahmen neutralisiert wurden, daß die Stichprobe korrekt ausgewählt wurde, daß das fachliche und methodische Hintergrundwissen richtig ist und korrekt eingesetzt wurde und daß ein angemessenes statistisches Prüfverfahren herangezo-

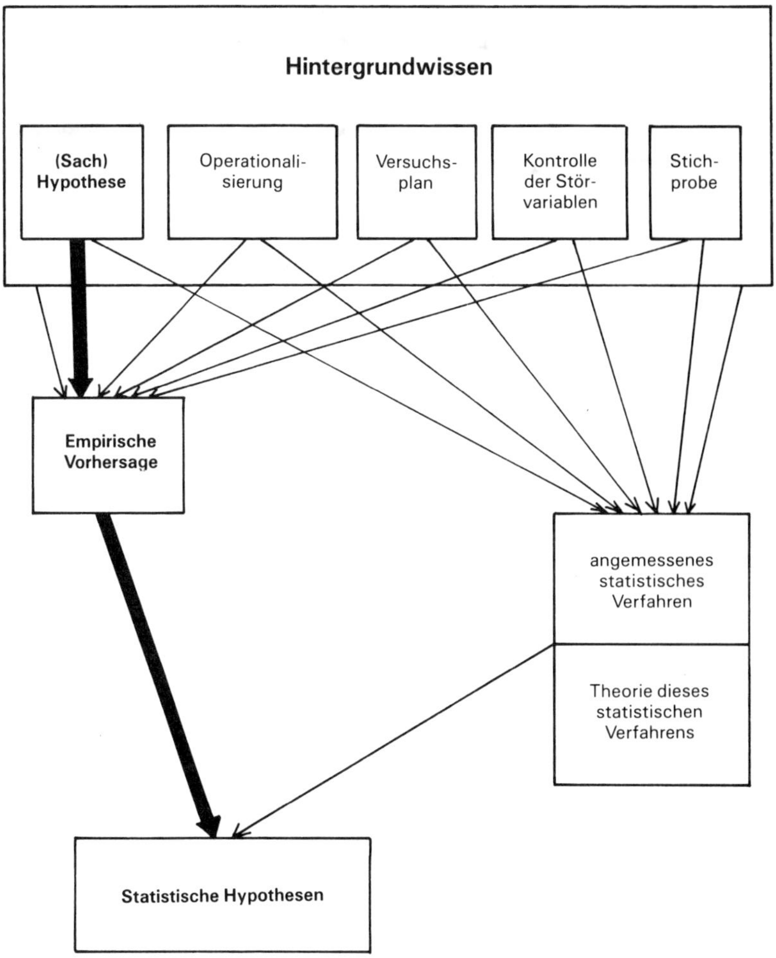

Abbildung 4: Zusammenfassung der Entwicklung der empirischen Vorhersage und der statistischen Hypothesen.
Ein Pfeil von A nach B zeigt an, dass A die Entwicklung von B (mit)beeinflusst. Zur Erklärung der dicken schwarzen Pfeile siehe Text.

gen wurde. In *Abbildung 4* ist dieser Sachverhalt durch dicke schwarze Pfeile von der (Sach)Hypothese zur empirischen Vorhersage und von dieser zu den statistischen Hypothesen symbolisiert.
Unter diesen Voraussetzungen kann man vom Ergebnis der Prüfung der statistischen Hypothese und der empirischen Vorhersage auf die Sachhypothese zurückschließen:

(1) Wenn auf der Basis der Prüfung der statistischen Hypothesen die empirische Vorhersage als richtig akzeptiert wird, dann ist die (Sach)Hypothese *bestätigt*.
(2) Wenn sich auf der Basis der Prüfung der statistischen Hypothesen die empirische Vorhersage als falsch erwiesen hat, ist die (Sach)Hypothese *falsifiziert*.

Sollte aber (mindestens) eine der oben genannten Voraussetzungen nicht erfüllt sein, dann wäre der Rückschluß auf die Sachhypothese nicht mehr gerechtfertigt. Das Ergebnis der Prüfung der statistischen Hypothese und der empirischen Vorhersage ist (für die Sachhypothese) nicht interpretierbar, wenn z.B. die Operationalisierung fragwürdig ist oder wichtige Störvariablen mit der UV konfundiert sind.

Liest man Berichte von Experimenten in Fachzeitschriften, könnte man oft fast den (falschen) Eindruck gewinnen, die Prüfung der Sachhypothese sei praktisch mit der Prüfung der statistischen Hypothese identisch. Meiner Meinung liegt dies daran, daß der Autor eines Experimentes sich bemüht, die Operationalisierung, den Versuchsplan, etc. möglichst optimal zu gestalten, und daß er deshalb stillschweigend voraussetzt, daß die oben angeführten Voraussetzungen ohnehin erfüllt sind.
Daß diese Voraussetzungen aber eine große Rolle spielen, sieht man sofort auch in der Fachliteratur, wenn ein Autor Experimente anderer Forscher analysiert und bewertet. Dann wird bei der Frage, ob eine Hypothese als bestätigt angesehen werden kann oder nicht, eben z.B. sehr wohl diskutiert, ob eine bestimmte Operationalisierung akzeptabel ist oder ob ein Ergebnis durch die Tatsache verzerrt ist, daß als Vpn ausschließlich Studenten herangezogen wurden. Diese Diskussion ist natürlich dann besonders wichtig, wenn die Ergebnisse zweier Experimente einander widersprechen.
Neben dem Ergebnis der Prüfung der statistischen Hypothese gehen also in die Bewertung der Sachhypothese eine Reihe von Gütekriterien für das Experiment ein. Ich werde diese Gütekriterien in Abschnitt 4.8.3 noch genauer besprechen.

Die prinzipielle Möglichkeit, daß es Fehler bei der Operationalisierung, der Versuchsplangestaltung, etc. geben kann, darf jedoch nicht dazu verführen, dies quasi als «Ausrede» ins Spiel zu bringen, wenn einem das Ergebnis der Hypothesenprüfung nicht paßt.
Man könnte natürlich auf die Idee verfallen, eine im Experiment falsifizierte Hypothese dadurch zu «retten», daß man Zweifel z.B. daran anmeldet, daß man alle *relevanten* Störvariablen kontrollieren konnte.
Die Argumentation dabei wäre sinngemäß z.B. so:

Die Hypothese stimmt, obwohl das Ergebnis meiner Hypothesenprüfung negativ ausgefallen ist. Daran ist aber nur schuld, daß ich es verabsäumt habe, die Störvariable X zu kontrollieren. Wäre diese Störvariable kontrolliert worden, wäre das Ergebnis auch im Sinne der Hypothese ausgefallen.

Man nennt eine derartige Behauptung auch *Ad-hoc-Hypothese*. Es ist selbstverständlich im Prinzip durchaus erlaubt, auch eine solche Ad-hoc-Hypothese aufzustellen. Man muß sich nur darüber im klaren sein, daß sie *nicht* bewirkt, daß ein falsifizierendes empirisches Ergebnis plötzlich in ein bestätigendes umgewandelt wird. Die Ad-hoc-Hypothese ist eine *neue* Hypothese, die in einem unabhängigen Experiment (mit neuen Daten) überprüft werden muß.

In diesem Zusammenhang möchte ich kurz auf die Bedeutung der *Replikation* von Experimenten (oder anderen empirischen Untersuchungen) hinweisen. Eine Replikation ist eine Wiederholung einer Untersuchung unter ähnlichen Bedingungen. Bringt die Replikation das gleiche Ergebnis, z.B. die Bestätigung der Hypothese, ist es natürlich besser abgesichert (d.h., der Bewährungsgrad ist insgesamt höher) als bei einer einmaligen Prüfung. Die Replikation eines Ergebnisses ist ein Hinweis darauf, daß sich die nicht relevanten Störvariablen und die Meßfehler *nicht* auf das Ergebnis auswirken. So sollte z.B. das Ergebnis eines Experimentes unabhängig sein von den konkreten Vpn, dem Vl, den konkreten Räumlichkeiten, etc. Replikationen sind natürlich besonders dann notwendig, wenn das Ergebnis einer Untersuchung unerwartet ist, derzeitiges Wissen in Frage stellt, usw. Replikationen sind insbesondere bei neuen Ergebnissen notwendig. Wenn eine Hypothese auch bei mehreren Replikationen bestätigt wurde, sollten auch Untersuchungen durchgeführt werden, bei denen die Strenge der Hypothesenprüfung (vgl. 2.7.2) erhöht wird.

4.8.3 Arten der Validität im Experiment

Die *Güte* eines psychologischen Experimentes wird auch als **Validität** bezeichnet.
Inzwischen haben sich eine Reihe von Gütekriterien herauskristallisiert, die im wesentlichen auf Campbell & Stanley (1963) und Cook & Campbell (1979) zurückgehen. Ich beschränke mich in den folgenden Abschnitten darauf, die Validitätsarten nur kurz zu charakterisieren. Die einzelnen Validitätsarten sind nicht unabhängig voneinander. So setzt die Externe Validität voraus, daß die anderen drei Validitätskriterien erfüllt sind. Eine ausführliche Darstellung finden Sie bei Hagen & Westermann (1983) oder bei Cook & Shadish (1994).

(1) Interne Validität

Dieses Gütekriterium betrifft die Frage, wie gut es gelungen ist, die möglicherweise bedeutsamen Störvariablen zu kontrollieren. Ist eine wichtige Störvariable mit der UV konfundiert (siehe Kapitel 4.4.3), dann ist das Experiment wertlos, weil nicht auf eine Wirkung der UV auf die AV geschlossen werden kann. Ein möglicher Effekt könnte ja auch durch die Störvariable verursacht sein.

(2) Externe Validität

Hier geht es darum, inwieweit das Ergebnis auf andere Vpn, Methoden der Operationalisierung, Situationen, etc. verallgemeinert werden kann. Haben sich z.B. nur Psychologiestudenten als Vpn an einer Einstellungsuntersuchung beteiligt, so wäre eine Generalisierung auf die Gesamtbevölkerung zumindestens fragwürdig.
Bei unserem Aggressionsexperiment wäre z.B. zu fragen, wie repräsentativ die von uns gewählte Situation (Arbeiten am Computer) für alle möglichen Situationen ist, in denen aggressives Verhalten auftreten kann. Möglicherweise könnten wir zu dem Schluß kommen, daß diese spezielle Situation einen Schluß auf soziale Situationen, in denen mehrere Menschen miteinander agieren, nicht erlaubt.

(3) Konstruktvalidität

Mit *Konstruktvalidität* ist die Güte der Operationalisierung von UV und AV gemeint. Wenn die Operationalisierung fragwürdig ist (z.B. Intelligenzmessung mit dem Thermometer), dann ist eben auch der Schluß auf die Sachhypothese kritisch.

(4) Validität statistischer Schlußfolgerungen

Statistische Verfahren sind geduldig und lassen sich immer dann rechnen, wenn man irgendwelche Zahlen vorliegen hat. Die Frage ist nur, ob die Anwendung des speziellen statistischen Verfahrens gerechtfertigt ist. Dies hängt nicht nur davon ab, ob das statistische Verfahren der Fragestellung und dem Versuchsplan angemessen ist. Es ist auch zu prüfen, ob das für ein bestimmtes statistisches Verfahren vorausgesetzte Skalenniveau (z.B. Intervallskala für den t-Test) auch tatsächlich erfüllt ist, ob die Verteilungsform nicht zu sehr von der vorausgesetzten abweicht, ob Varianzen homogen sind, usw.

Diese Gütekriterien sind nicht nur relevant beim Schluß von der statistischen Hypothese und der empirischen Vorhersage auf die Bestätigung oder Falsifikation der (Sach)Hypothese. Sie spielen eine besonders wichtige Rolle z.B. bei der Beurteilung von widersprechenden Ergebnissen verschiedener Experimente. Auch bei der Bestimmung des Bestätigungs- oder Bewährungsgrades einer Hypothese werden sie herangezogen. Freilich geschieht dies bisher eher intuitiv, weil uns derzeit noch keine allgemein akzeptierten Methoden zur Verfügung stehen, die eine einigermassen präzise Bestimmung (Messung) dessen erlauben, wie gut oder schlecht ein konkretes Experiment ein bestimmtes Gütekriterium erfüllt.

4.9 Bericht

Der Bericht hat den Zweck, den Interessierten alles Wesentliche über das Experiment mitzuteilen. Er sollte so angelegt werden, daß er alle Schritte des Experimentes nachvollziehbar beschreibt und diskutiert.
Sie werden in Ihrer wissenschaftlichen Laufbahn das Problem des Berichtens von empirischen Forschungsarbeiten mit allergrößter Wahrscheinlichkeit von beiden Seiten kennen lernen: Sowohl von der Seite des Konsumenten als auch von der des Produzenten.

4.9.1 Inhaltliche Gliederung

Der Bericht enthält alle Schritte, die wir in diesem Kapitel bereits besprochen haben, allerdings oft in anderer Reihenfolge und unterschiedlicher Gewichtung.
In Fachzeitschriften findet man häufig die folgende generelle Struktur:

Einleitung und Theorie
Methode
Ergebnisse
Diskussion
Literaturverzeichnis
Zusammenfassung (am Anfang oder am Ende des Berichtes)

(1) Einleitung und Theorie

Dieser Abschnitt trägt üblicherweise keine Überschrift. In ihm findet man die Fragestellung und die Einbettung der Fragestellung in den theoretischen Kontext. Der für die Fragestellung relevante Stand der Forschung wird hier zusammenfassend dargestellt und diskutiert. Die (Sach)Hypothese wird ebenfalls in diesem Abschnitt vorgestellt und begründet.

(2) Methode (englisch: *method*)

Dieser Abschnitt enthält die eigentliche Beschreibung des Experimentes. Er ist häufig in vier Unterabschnitte gegliedert:

(2.1) Vpn

Hier wird die Population angegeben, aus der die Stichprobe gezogen wurde, die Methode der Stichprobenauswahl, sowie die Zahl und die speziellen Eigenschaften der Vpn in der Stichprobe. Hierher gehört auch Information über die Art und Weise, wie die Vpn angeworben wurden (Bezahlung, etc.). Sollte ein auffälliger Prozentsatz von potentiellen Vpn die Teilnahme ablehnen, sollte der Prozentsatz angegeben werden, wenn möglich auch die Gründe.

(2.2) Apparate und Materialien

Wird ein Standardgerät (z.B. das Wiener Determinationsgerät) oder z.B. ein Standardfragebogen verwendet, genügt ein kurzer Hinweis. Bei nicht allgemein bekannten Apparaten oder sonstigen Hilfsmitteln (z.B. selbst entworfenen Fragebögen, selbst konstruierten Apparaten, neu entwickelten Computerprogrammen) ist eine genaue Beschreibung erforderlich.

(2.3) Versuchsplan (englisch: *design*)

In diesem Abschnitt wird der Versuchsplan dargestellt und begründet, sowie UV(n) und AV(n) definiert. Er enthält auch die Operationalisierung und die Art und Weise der Kontrolle von Störvariablen (auch die Aufteilung der Vpn auf die experimentellen Gruppen).

(2.4) Durchführung (englisch: *procedure*)

Dieser Abschnitt enthält die Beschreibung der konkreten Durchführung, auch die Instruktion.

(3) Ergebnisse (englisch: *results*)

Unter diesem Titel findet man das statistische Prüfverfahren und die statistischen Hypothesen. Die zur Prüfung herangezogenen Daten werden präsentiert, meist bereits zusammengefaßt, und nicht für einzelne Vpn. Tabellen und graphische Darstellungen unterstützen oft die Darbietung des Datenmaterials und der Auswertung. Der Abschnitt enthält in der Regel auch den Schluß auf die Sachhypothese, aber keine Interpretation oder Diskussion der Ergebnisse.

(4) Diskussion (englisch: *discussion*)

In diesem Abschnitt wird das Ergebnis der Hypothesenprüfung inhaltlich analysiert und diskutiert. Das Ergebnis wird in den theoretischen Kontext eingearbeitet. Entsprechen die Ergebnisse nicht den Erwartungen, werden hier die Gründe dafür diskutiert, und gegebenenfalls wird die Theorie modifiziert. Hierher gehören auch weiterführende Überlegungen, neue Fragestellungen und Hypothesen, aber auch Hinweise, wie die experimentelle Prozedur verbessert werden könnte.

(5) Literaturverzeichnis (englisch: *bibliography, references*)

Das Literaturverzeichnis enthält alle im Text zumindestens erwähnten Publikationen, alphabetisch geordnet nach dem (1.) Autor.
Zu jeder Literaturangabe gehören alle die Angaben, die der Leser braucht, um auf die entsprechende Publikation zugreifen zu können.
Bei Zeitschriftenartikeln sind das außer dem Namen des Autors (der Autoren) und dem Titel des Artikels:
Name der Zeitschrift, Band-(Volume-)Nummer, Jahr, Seiten (von-bis).
Bei Büchern wird üblicherweise neben dem (den) Autorennamen und dem Titel des Buches das Erscheinungsjahr, der Erscheinungsort und der Verlag angeführt.

(6) Zusammenfassung (englisch: *abstract, summary*)

Diese kurze Zusammenfassung (meist maximal 200 Worte) hat den Zweck, den Leser rasch über den Inhalt des Artikels zu informieren. Bei der Flut von fachpsychologischen Publikationen bietet eine derartige Kurzfassung dem Leser eine Entscheidungshilfe dafür, ob er den entsprechenden Bericht überhaupt lesen will (muß). Die Kurzfassung enthält Informationen über das Problem und die Fragestellung, die verwendete Methode und die wichtigsten Ergebnisse, häufig auch über Zahl und Eigenheiten der Vpn und den Versuchsplan.

Nicht alle experimentellen Berichte lassen sich freilich nach dem eben vorgestellten generellen Schema modellieren, man findet in allen Zeitschriften auch Ausnahmen.

Für das Schreiben eines experimentellen Berichtes gilt das Gleiche wie für die anderen Schritte der Planung eines Experimentes: eine Verbesserung kann man am besten erreichen, indem man sich der Kritik von

Fachkollegen stellt. Lassen Sie also ihr Manuskript probelesen und erbitten Sie Kritik und Verbesserungsvorschläge. Nützliche Hinweise für das Abfassen und die Gestaltung von Berichten bringen Hager & Spies (1991) oder Höge (1994). Gute Fachzeitschriften haben einen Stab von (ehrenamtlichen) Mitarbeitern, von denen üblicherweise jeweils mindestens zwei ein Manuskript einer strengen Kritik unterziehen. Obwohl sich vermutlich kaum jemand gerne kritisieren läßt, merkt man auch als Autor sehr rasch den Vorteil dieser Vorgangsweise. Selbst wenn einem z. B. ein bestimmter kritischer Einwand ungerechtfertigt erscheint, ist er oft ein Hinweis dafür, daß man sich unklar und mißverständlich ausgedrückt hat.
(Spätestens) wenn Sie ein Manuskript für eine Fachzeitschrift vorbereiten, sollten Sie die Richtlinien der Deutschen Gesellschaft für Psychologie zur Gestaltung von Manuskripten (1986) durcharbeiten. Für die meisten englischsprachigen Zeitschriften gelten die Richtlinien der APA (American Psychological Association), (1994). Jede Fachzeitschrift enthält auch wenigstens kurze Hinweise, wie die Manuskripte für diese Zeitschrift zu gestalten sind.

4.9.2 Kritisches Lesen eines Berichtes

Erfahrungsgemäß haben viele Studenten am Anfang ihres Studiums Schwierigkeiten beim Lesen von Artikeln in Fachzeitschriften. Dies ist eigentlich nicht sehr verwunderlich, denn diese Artikel sind üblicherweise nicht für Einsteiger geschrieben, sondern für Fachleute. Trotzdem sollte man sich als Student möglichst früh mit der (Primär)Literatur auseinandersetzen, welche Berichte über die Forschung und ihre Ergebnisse im Original bringt, nicht gefiltert durch den Autor z.B. eines Lehrbuches.

Ich möchte Ihnen daher einige allgemeine Hinweise zum Lesen von Berichten über Experimente (und andere empirische Untersuchungen) geben:

(1) Holen Sie aus dem Bericht gezielt Information zu allen Schritten, die wir besprochen haben.
Solange Sie noch keine Routine haben, bewährt es sich sehr gut, ganz konkrete Fragen zu formulieren, und diese Fragen im Zuge der Lektüre gezielt zu beantworten:

Wie lautet die Fragestellung?
Auf welche Theorie stützt sich der Autor ?
Wie lauten die Hypothesen?
u.s.f.

(2) Lesen Sie einen schwierigen Text zunächst einmal vollständig durch, ohne zu versuchen, alles zu verstehen. Sie erhalten so vorerst einmal einen ungefähren Überblick, der die nochmalige Lektüre sehr erleichtert. Oft kommt man ja durch das Lesen späterer Abschnitte darauf, was ein Autor vorher gemeint hat. Sie können natürlich mehrere derartige *Orientierungslesungen* hintereinander schalten, bevor Sie sich konzentriert bemühen, alle Aspekte zu verstehen.

(3) Bedenken Sie bitte, daß ein Zeitschriftenartikel über ein Experiment nicht als Einführung in einen bestimmten Gegenstandsbereich gedacht ist, sondern sich an informierte Fachleute wendet. Es lohnt sich daher häufig, in einem Einführungsbuch die Seiten rasch nachzulesen, die in den Themenbereich des Artikels einführen.

(4) Überlegen Sie sich, wovon Sie der Autor zu überzeugen versucht, was er Ihnen «verkaufen» möchte, was er möglicherweise *nicht* anspricht. Prüfen Sie kritisch, ob Sie seine Voraussetzungen und Argumente akzeptieren können oder nicht. Diese Entscheidung und die Verantwortung dafür kann Ihnen niemand abnehmen.

* * *

In diesem Kapitel wollte ich Sie mit den wichtigsten Schritten bei der Planung und Durchführung eines Experimentes vertraut machen. Es genügt jedoch nicht, diese nur theoretisch zu kennen.
Sie sollten so früh wie möglich darangehen, diese bisher eher theoretischen Kenntnisse durch praktische Erfahrungen zu ergänzen. Führen Sie also möglichst früh eigene (kleine) Experimente oder andere empirische Untersuchungen durch. Nur so kann man z.B. wirklich lernen, wie eine Instruktion formuliert werden muß, damit sie von der Vp ohne Schwierigkeiten verstanden wird, wie man sich als Vl verhalten muß, usw.
Sehr viel können Sie für die Methodik der Hypothesenprüfung auch gewinnen, indem Sie Artikel in der Fachliteratur lesen. Schmökern Sie z.B. in Fachzeitschriften und greifen Sie Artikel zu Themen heraus, die Sie persönlich besonders interessieren. Dann fällt es auch leichter, sich mit der Methode auseinanderzusetzen.

Kapitel 5: Versuchspläne mit mehr als zwei Gruppen

Bisher haben wir es nur mit Experimenten mit zwei Gruppen zu tun gehabt (vgl. Abschnitt 4.3). In diesem Kapitel werden wir nun diese einfachen Versuchspläne erweitern, zunächst auf den Fall, daß in einem Experiment mehr als zwei Stufen *einer* UV variiert werden (5.1). Anschließend (5.2) werden wir Experimente mit zwei oder mehreren UVn (mit beliebig vielen Stufen) behandeln.
Ich werde jeweils nur das Prinzip dieser Versuchspläne behandeln, weil es mir nicht sinnvoll und auch nicht möglich erscheint, ohne die statistischen Grundlagen varianzanalytischer Versuchspläne ins Detail zu gehen. Ausführlich werden diese Versuchspläne z. B. in Bortz, 1993, Kirk (1968) behandelt.

Ich habe schon im Kapitel 3.2 erwähnt, daß eine UV häufig auch als **Faktor** oder **Behandlung** (*treatment*) bezeichnet wird. Dies gilt besonders für komplexere Versuchspläne, wie wir sie in diesem Kapitel besprechen werden.

5.1 Einfaktorielle Versuchspläne

5.1.1 Prinzip

Viele UVn haben mehr als zwei Stufen. Es liegt daher nahe, auch mehr als zwei Stufen ins Experiment einzubeziehen.

So gibt es z.B. eine ganze Reihe von therapeutischen Maßnahmen, die Menschen helfen sollen, sich das Rauchen abzugewöhnen. Ein Experiment könnte beispielsweise die Wirksamkeit folgender vier Therapiearten prüfen:
(1) Psychoanalyse
(2) Aversionstherapie
(3) Selbstkontrolle
(4) Registrierung der Zahl der gerauchten Zigaretten
(ohne weitere therapeutische Maßnahmen)

Jede dieser Therapiearten wäre eine Stufe der UV *Therapieart*, jeder Stufe dieser UV wird eine Gruppe von Rauchern zufällig zugeordnet.
Wir hätten also folgenden Versuchsplan:

Gruppe 1 : UV(Stufe: Psychoanalyse)	AV
Gruppe 2 : UV(Stufe: Aversionstherapie)	AV
Gruppe 3 : UV(Stufe: Selbstkontrolle)	AV
Gruppe 4 : UV(Stufe: Zigarettenregistrierung)	AV

Alle anderen Aspekte des Experimentes sind prinzipiell gleich wie bei einem Zweigruppenexperiment: Operationalisierung, Kontrolle der Störvariablen, etc. (vgl. Kapitel 4).

Ein anderes Beispiel ist die Länge der Pause beim Lernen mit oder ohne Pause (massiertes/verteiltes Lernen). Die Länge der Pause ist eine kontinuierliche Variable und hat sehr viele Stufen. Daher ist es sinnvoll, nicht nur Lernen *ohne* Pause (Pausenlänge 0) mit Lernen *mit* einer Pause von z.B. 30 Minuten zu vergleichen, sondern eine ganze Reihe von Pausenlängen als UV-Stufen in das Experiment einzubeziehen, z.B. 5 Minuten, 10 Minuten, 15 Minuten, 20 Minuten, 25 Minuten, 30 Minuten, 1 Stunde, etc. Welche Spannweite von Pausenlängen, wieviele und welche speziellen Werte überhaupt interessieren, hängt von der konkreten Fragestellung ab.
Je nachdem, ob alle Variablenstufen, die den Forscher interessieren, in den Versuchsplan eingebaut werden oder nicht, unterscheidet man fixe und Zufallseffekte.
Ein *fixer Effekt* liegt dann vor, wenn alle Stufen der UV, die den Forscher interessieren, in die Untersuchung einbezogen werden. Bei einem *Zufallseffekt* wird nur eine Stichprobe aus allen möglichen Stufen in der Untersuchung realisiert. Die Länge der Pause in dem eben besprochenen Beispiel ist ein typischer Zufallseffekt. Wenn der Untersucher nur an den vier besprochenen Rauchertherapien interessiert ist, und nur über diese vier Aussagen machen möchte, handelt es sich um einen fixen Effekt.
Die Unterscheidung zwischen fixen und Zufallseffekten ist bei der Auswahl des statistischen Verfahrens wichtig. Diese beiden Effekte müssen auch bei Experimenten mit mehreren UVn auseinandergehalten werden.

5.1.2 Prüfbare Hypothesen

Wenn mehrere Werte als UV-Stufen in das Experiment aufgenommen werden, hat das u.a. den Vorteil, daß man auch optimale UV-Werte herausfinden kann. Es wäre ja durchaus denkbar, daß es eine optimale Pausenlänge von ca. 15 Minuten gibt, und sowohl kürzere als auch längere Pausen weniger wirksam sind. Hypothesen über derartige Optima könnten aber mit einem Zweigruppenexperiment nicht geprüft werden.

Mit einem Versuchsplan mit mehreren Stufen *einer* UV werden hauptsächlich Hypothesen geprüft, die Behauptungen über Unterschiede aufstellen (z.B.: UV-Stufe X unterscheidet sich von den UV-Stufen Y und Z), und über Rangreihen in der Wirksamkeit von UV-Stufen (z.B.: Je höher der Wert der UV, desto höher sollte der Wert der AV sein; UV-Stufe B ist am wirksamsten, dann kommt Stufe A, Stufe C ist am unwirksamsten). Es können aber auch Hypothesen über die mathematische Funktion geprüft werden, welche die Werte der UV in die Werte der AV abbildet (z.B.

ob es sich um eine lineare oder eine nicht-lineare Beziehung handelt). Ein Beispiel für die zuletzt angesprochenen Hypothesen ist die Hypothese 4 aus Kapitel 2.1: Der subjektive Wert W eines objektiven Geldbetrages G wird durch folgende Funktion bestimmt:

$$W = a \times G^b, \text{ mit b zwischen 0 und 1.}$$

Um diese Hypothese zu prüfen, würden wir im Prinzip eine Reihe von objektiven Geldbeträgen herausgreifen (als Stufen der UV), und den subjektiven Wert dieser Geldbeträge bestimmen (als AV). Anschließend würden wir prüfen, ob die Werte W für die subjektiven Einschätzungen auf der von der Hypothese vorhergesagten Kurve liegen (bzw. nicht systematisch von ihr abweichen).

Typische statistische Verfahren zum Prüfen von Hypothesen mit einfaktoriellen Versuchsplänen sind die (einfaktorielle) Varianzanalyse (für AVn auf Intervallskalenniveau) und die darauf aufbauenden Verfahren, oder entsprechende statistische Modelle für ordinalskalierte AVn (z.B. die Kruskal-Wallis einfaktorielle Varianzanalyse).

5.2 Versuchspläne mit mehreren UVn

Gerade die Phänomene, die wir Psychologen erforschen, sind oft komplex in dem Sinne, daß es nicht eine einzige Ursache für eine bestimmte Wirkung gibt, sondern mehrere, und daß es oft von zusätzlichen Bedingungen abhängt, ob eine bestimmte Ursache eine bestimmte Wirkung zeigt. Es ist aus diesen Gründen oft eine allzu starke Vereinfachung, nur eine einzige UV in einem Experiment zu untersuchen.
So hängt der Lernerfolg in dem Beispielsexperiment mit dem massierten oder verteilten Lernen nicht nur von der Länge der Pausen ab, sondern z.B. auch von der Lernmotivation des Lernenden, seiner Intelligenz, der Art und Weise, wie der Stoff aufbereitet wurde, der Dauer der Lernperiode zwischen den Pausen, der Aktivität in den Pausen, usw. All diese Variablen sind potentielle UVn.

Ob eine Person in einem sozialen Dilemma (z.B. soll ich bei Smoggefahr mit dem eigenen Wagen zur Arbeitsstätte fahren?) kooperativ (d.h. im Interesse der Allgemeinheit) oder nicht kooperativ (ausschließlich im eigenen Interesse und gegen die Interessen der Allgemeinheit) handelt, hängt von einer Reihe von Faktoren ab, die auch als UVn in Experimenten realisiert wurden, z.B.: der Erwartung, wie kooperativ sich andere Personen verhalten werden; dem Anreiz des unkooperativen Handelns; dem Effekt, den das kooperative Handeln hat, etc. (vgl. z.B. Dawes, 1980).

Es war daher für unser Fach äußerst wichtig, daß Versuchspläne (und statistische Methoden zu ihrer Auswertung) entwickelt wurden, die es erlauben, die Wirkung *mehrerer UVn zugleich* in einem Experiment zu erforschen. Versuchspläne zur gleichzeitigen Variation mehrerer UVn werden **multi-** oder **mehrfaktorielle Versuchspläne** genannt. Je nach der Zahl der involvierten UVn spricht man von einem *zweifaktoriellen, dreifaktoriellen, vierfaktoriellen*, etc. (oder eben auch von einem *einfaktoriellen*)Versuchsplan.

5.2.1 Prinzip

Bei einem Experiment mit mehreren UVn werden die Stufen der verschiedenen UVn miteinander kombiniert.
Ich möchte dies mit Hilfe eines ganz einfachen Beispiels illustrieren, bei dem nur zwei UVn (A und B) variiert werden:
UV A mit den Stufen a1, a2 und a3,
UV B mit den Stufen b1 und b2.
Bei diesem Versuchsplan werden alle drei Stufen der UV A mit allen beiden Stufen der UV B kombiniert. Es gibt daher in diesem Experiment insgesamt 6 (3 mal 2) Kombinationen:
Kombination 1: UV A Stufe a1, UV B Stufe b1,
Kombination 2: UV A Stufe a1, UV B Stufe b2,
Kombination 3: UV A Stufe a2, UV B Stufe b1,
Kombination 4: UV A Stufe a2, UV B Stufe b2,
Kombination 5: UV A Stufe a3, UV B Stufe b1,
Kombination 6: UV A Stufe a3, UV B Stufe b2,

Jede Kombination von UV-Stufen wird **experimentelle Bedingung** genannt.
Die Bezeichnung *experimentelle Bedingung* kann natürlich auch bei Experimenten mit nur einer einzigen UV angewendet werden. Dort ist eben eine experimentelle Bedingung durch nur eine Stufe der einzigen UV gekennzeichnet. Das in Kapitel 5.1 angesprochene einfaktorielle Experiment mit den vier Rauchertherapien enthält vier experimentelle Bedingungen.

Sehr übersichtlich läßt sich ein multifaktorieller Versuchsplan in Form einer Matrix darstellen. Es ist bei der Matrix natürlich gleichgültig, welche UV man in den Spalten und welche in den Zeilen anordnet.
Jede Zelle in dieser Matrix entspricht einer experimentellen Bedingung.
Im – für die Erklärung – einfachsten Fall werden so viele Gruppen von Vpn gebildet, wie es experimentelle Bedingungen gibt, und zufällig den experimentellen Bedingungen zugeordnet. Jede Gruppe von Vpn wird einer einzigen experimentellen Bedingung ausgesetzt.
In dem zweifaktoriellen Beispielsexperiment von oben gibt es demnach sechs Experimentalgruppen von Vpn.
Dieser Versuchsplan ist in *Abbildung 5* in Matrixform dargestellt.

		UV B	
		b1	b2
UV A	a1	a1b1	a1b2
	a2	a2b1	a2b2
	a3	a3b1	a3b2

Abbildung 5: Versuchsplan mit 2 UVn in Matrixform (3 x 2-Plan)

Der folgende Versuchsplan ist ein Beispiel für einen dreifaktoriellen Plan. Es geht bei diesem Experiment um die Abhängigkeit von Gesichtsausdruck u.a. von kulturellen Bedingungen (vgl. Ekman, 1979). Den Vpn werden unter verschiedenen Bedingungen Bilder als Reize vorgegeben, und registriert, welche Gesichtsausdrücke sie beim Betrachten der Bilder zeigen. AV wären die Gesichtsausdrücke für Angst und Abscheu.

UV A: Bildmaterial, zwei Stufen:
- a1: neutrales Bildmaterial,
- a2: Angst und Abscheu erregendes Bildmaterial (Operationen, Opfer von Verkehrsunfällen, etc.)

UV B: Kulturkreis, in dem die Vp aufgewachsen ist, zwei Stufen:
- b1: Japan (Kulturkreis, in dem Angst und Abscheu nicht offen gezeigt werden dürfen),
- b2: Mitteleuropa (Kulturkreis, in dem diese Gefühle gezeigt werden dürfen)

UV C: Anwesenheit oder Nichtanwesenheit einer Autoritätsperson, zwei Stufen:
- c1: keine Autoritätsperson anwesend,
- c2: Autoritätsperson aus dem gleichen Kulturkreis anwesend.

Auch diesen Versuchsplan stellt man sich der besseren Übersichtlichkeit halber als Matrix dar (*Abbildung 6*).

		UV A			
		a1		a2	
		UV B		UV B	
		b1	b2	b1	b2
UV C	c1	a1b1c1	a1b2c1	a2b1c1	a2b2c1
	c2	a1b1c2	a1b2c2	a2b1c2	a2b2c2

Abbildung 6: Dreifaktorieller Versuchsplan für das Experiment zum Gesichtsausdruck (2 x 2 x 2-Plan)

Jeder experimentellen Bedingung könnte man z.B. eine Gruppe von zehn Vpn zuordnen.

Nach oben ist der Zahl der UVn und der UV-Stufen bei mehrfaktoriellen Versuchsplänen keine theoretische Grenze gesetzt. Praktische Grenzen ergeben sich zwangsläufig aus der Zahl der Vpn, die man in einem Experiment bearbeiten kann, bzw. auch aus der Zahl der experimentellen Bedingungen, die man einer Vp zumuten kann. Versuchspläne werden in der Literatur oft mit Hilfe der Zahl der UV-Stufen folgendermaßen kurz charakterisiert:
Ein 3×3-Versuchsplan ist ein Versuchsplan mit zwei UVn, von denen jede drei Stufen aufweist. Der oben beschriebene dreifaktorielle Versuchsplan zum Thema *Gesichtsausdruck* ist ein 2×2×2-Plan, ein 5×2×4×2-Versuchsplan umfaßt vier UVn mit fünf, zwei, vier und zwei Stufen, usw.

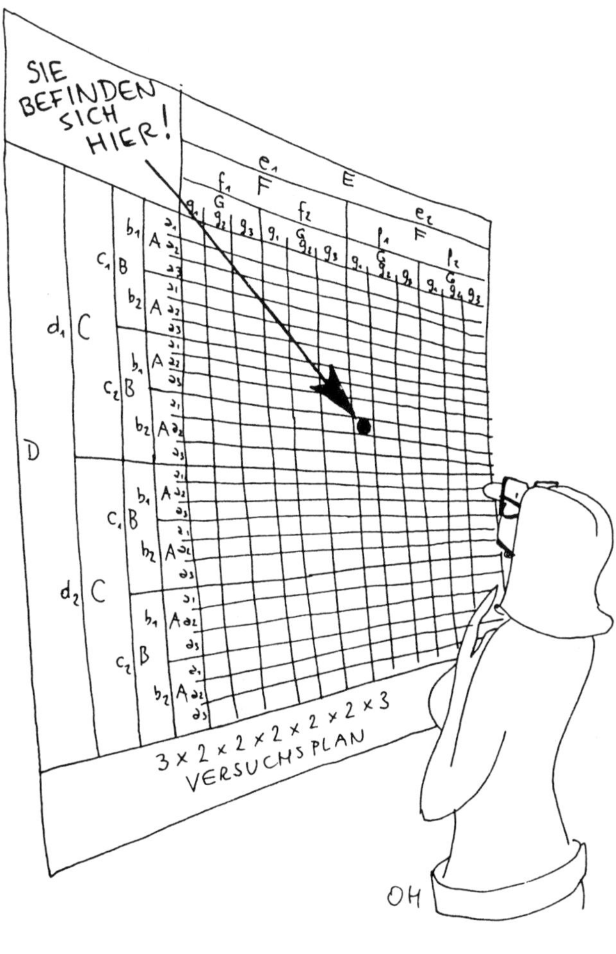

Wie schon in der Einleitung erwähnt, kann ich hier nicht auf die unterschiedlichen Typen von multifaktoriellen Versuchsplänen eingehen. Dies würde eine Auseinandersetzung mit den statistischen Theorien der Varianzanalysen erfordern, die ich in diesem Rahmen nicht bieten kann. Ich möchte nur erwähnen, daß es ein- und multifaktorielle Versuchspläne gibt, bei denen eine Vp mehrere experimentelle Bedingungen durchmacht. So könnte man z.B. den Vpn in dem oben erwähnten Experiment zum Gesichtsausdruck jeweils sowohl die neutralen Bilder vorlegen als auch diejenigen, die Angst und Abscheu hervorrufen. Ja man könnte sogar daran denken, bei ein-und-derselben Vp die Autoritätspersonen abwechselnd anwesend und nicht anwesend sein zu lassen. Unter diesen Umständen würde *eine* Vp allen Stufenkombinationen der Faktoren A und C ausgesetzt werden. Dies hätte den Vorteil, daß die Zahl der erforderlichen Vpn drastisch reduziert würde und daß über die UVn A und C die Störvariablen, die mit den Vpn verbunden sind, perfekt parallelisiert sind. Dafür treten allerdings auch neue spezielle Störvariablen auf, die durch entsprechende Kontrolltechniken neutralisiert werden müssen. Ich werde auf diese Probleme in Kapitel 6 eingehen.

5.2.2 Prüfbare Hypothesen: Haupteffekte und Interaktionen

Mit einem mehrfaktoriellen Versuchsplan lassen sich zunächst einmal Hypothesen über jede der UVn überprüfen. Man nennt diese Hypothesen auch *Hypothesen über Haupteffekte.* Ein **Haupteffekt** ist also die Wirkung einer UV.

In dem Experiment zum Gesichtsausdruck könnten wir demnach drei Haupteffekte untersuchen:
den des Bildmaterials (UV A),
den des Kulturkreises (UV B), und
den der Anwesenheit/Nichtanwesenheit einer Autoritätsperson (UV C).

Wären dies alle prüfbaren Hypothesen in einem multifaktoriellen Plan, wären diese Versuchspläne wohl nicht übermäßig interessant. Man könnte das gleiche – ein wenig aufwendiger – auch mit mehreren einfaktoriellen Experimenten erreichen.

Was mehrfaktorielle Versuchspläne so aufregend macht, ist die Möglichkeit, über die Haupteffekte hinaus auch Hypothesen über die Interaktion von Faktoren zu prüfen. Eine **Interaktion** zwischen zwei (oder auch mehreren) UVn bedeutet, daß die Wirkung einer UV **nicht unabhängig** von der anderen UV(n) ist.

Wenn beispielsweise ein Fremder in das persönliche Territorium eines Menschen eindringt (z.B. in dessen persönliches Büro), dann hängt die Reaktion dieses Menschen meist vom Verhalten des Eindringlings ab: Klopft der Eindringling vor dem Öffnen der Türe an, fragt er ob er eintreten darf, grüßt er höflich, etc., dann wird der *Territoriumsinhaber* in der Regel nicht unfreundlich reagieren. Tut der Eindringling all das nicht, muß er mit einem unfreundlichen Empfang rechnen. In diesem Fall wirken die beiden Variablen *Eindringen in fremdes Territorium* und *Beschwichtigendes Verhalten des Eindringlings* nicht unabhängig voneinander, sondern sie interagieren. Welche Wirkung eintritt, hängt von beiden Variablen gemeinsam ab.

Ich möchte das Prinzip der Interaktion am Beispiel eines Experimentes von McKeithen, Reitman, Rueter & Hirtle (1981) verdeutlichen, das ich hier aber vereinfacht wiedergebe.
In diesem Experiment wurde die Fragestellung untersucht, wodurch sich Personen, die gut in der Lage sind, einen bestimmten Typ von Problemen zu lösen, von anderen Personen unterscheiden, die bei diesem Problemtyp weniger erfolgreich sind. Der Problembereich, den McKeithen et al. untersuchten, war Programmieren. Es ging also darum, worin sich gute Programmierer von weniger guten unterscheiden.
Eine generell gut bestätigte Hypothese ist, daß gute Problemlöser die für die Problemlösung notwendige Information besser organisieren. So fanden Chase & Simon (1973), daß gute Schachspieler z.B. nicht einzelne Figuren auf dem Spielbrett «sehen», sondern komplexe Konfigurationen von Figuren. Eine Spielsituation mit 24 Figuren reduziert sich so auf 3 bis 4 derartige Figurenkonfigurationen.
Diese effektivere Strukturierung der Information müßte sich auch beim Programmieren zeigen.
Eine andere Hypothese wäre, daß gute Problemlöser generell ein besseres Gedächtnis haben als schlechte.
Zur Prüfung der Hypothese entwarfen McKeithen et al. den folgenden Versuchsaufbau:
Den Vpn wurde ein 31 Zeilen langes Computerprogramm (in der Programmiersprache ALGOL W) vorgelegt. Sie hatten insgesamt 10 Minuten Zeit, das Programm zu studieren. Dann hatten sie drei Minuten Zeit, um soviel von diesem Programm aufzuschreiben, wie sie sich gemerkt hatten. Das Programm wurde in zwei Versionen vorgegeben: In der Normalversion waren die Programmzeilen in ihrer organischen Reihenfolge, es handelte sich also um sinnvolle Information. In der Zufallsversion dagegen waren die Zeilen des (gleichen) Programmes völlig zufällig aneinander gereiht. Es ergab sich so eine sinnlose Information, die mit den üblichen Strukturierungstechniken der geübten Programmierer (z.B. Behandlung einer Programmschleife als Einheit) nicht strukturierbar ist.
In dem Experiment wurden zwei UVn variiert:
UV A: Qualifikation des Problemlösers (Programmierers)
Stufe a1: Anfänger
Stufe a2: mittelgute Programmierer
Stufe a3: Experten

UV B: Version des dargebotenen Programmes
Stufe b1: Normalversion des Programmes
Stufe b2: Zufallsversion des Programmes.

(Zeichnen Sie bitte den Versuchsplan auf!)

AV ist die Zahl der richtig erinnerten Programmzeilen. Überlegen wir uns, welche Vorhersagen die Hypothesen machen:

1 Wenn die besseren Programmierer generell ein besseres Gedächtnis haben, dann müßte der Effekt der UV A *unabhängig* sein von der Normal/Zufallsversion des Programmes (UV B).
Ich habe ein *mögliches* Ergebnis, das diese Hypothese stützt, in *Abbildung 7* graphisch dargestellt. Das *Fehlen einer Interaktion* (d.h. die Unabhängigkeit) der Faktoren A und B erkennt man daran, daß die Kurve für die Normalversion (ungefähr) *parallel* zu der für die Zufallsversion verläuft.

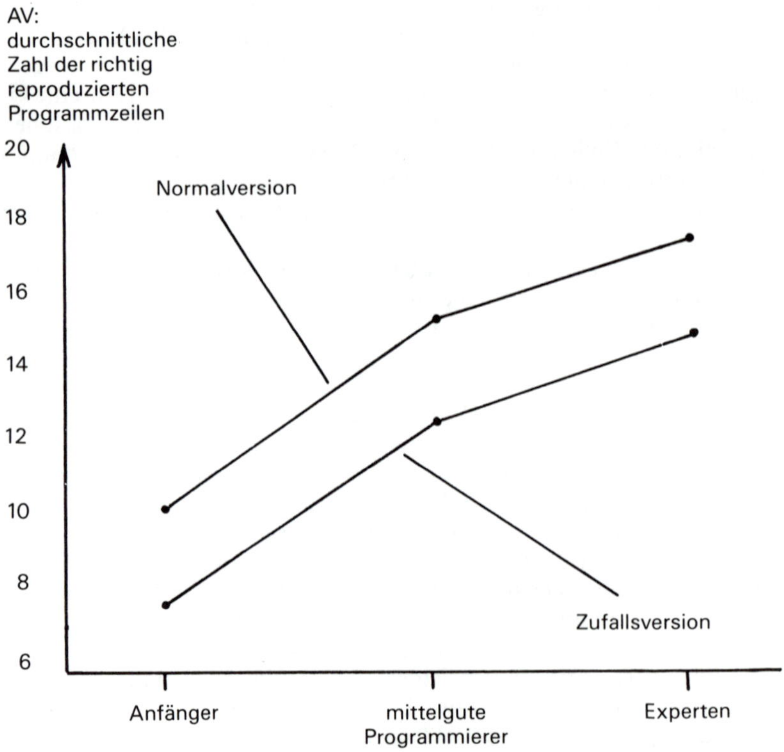

Abbildung 7: Fiktives Ergebnis des Experimentes von McKeithen et al. (1981), bei dem **keine Interaktion** vorliegt. In einem Diagramm ist das Fehlen einer Interaktion daran erkenntlich, dass die Kurven ungefähr parallel verlaufen.

2 Wenn die besseren Programmierer die für das Problem relevante Information besser strukturieren, dann kann sich das nur dort auswirken, wo die vorgegebene Information in einem Problembereich sinnvoll ist. Die Überlegenheit der besseren Programmierer sollte sich also in der Normalversion des Programmes zeigen. Die Zufallsversion bietet aber auch für die guten Programmierer keine sinnvolle Information, und somit kaum Gelegenheit zur Strukturierung. In der Zufallsversion sollten sich also Programmierer unterschiedlicher Qualität nicht systematisch unterscheiden. Dies aber ist die Vorhersage einer *Interaktion*: Der Effekt der UV A ist abhängig von der Stufe der UV B. Ich habe in *Abbildung 8* das tatsächliche Ergebnis des Experimentes von McKeithen et al. graphisch dargestellt. Die *Interaktion* kann man daran erkennen, daß die Kurven für die Normalversion und die Zufallsversion des Programmes deutlich *nicht-parallel* verlaufen.

Wichtig ist, daß Interaktionen nicht untersucht werden können, wenn jede UV einzeln in einem einfaktoriellen Experiment überprüft wird.

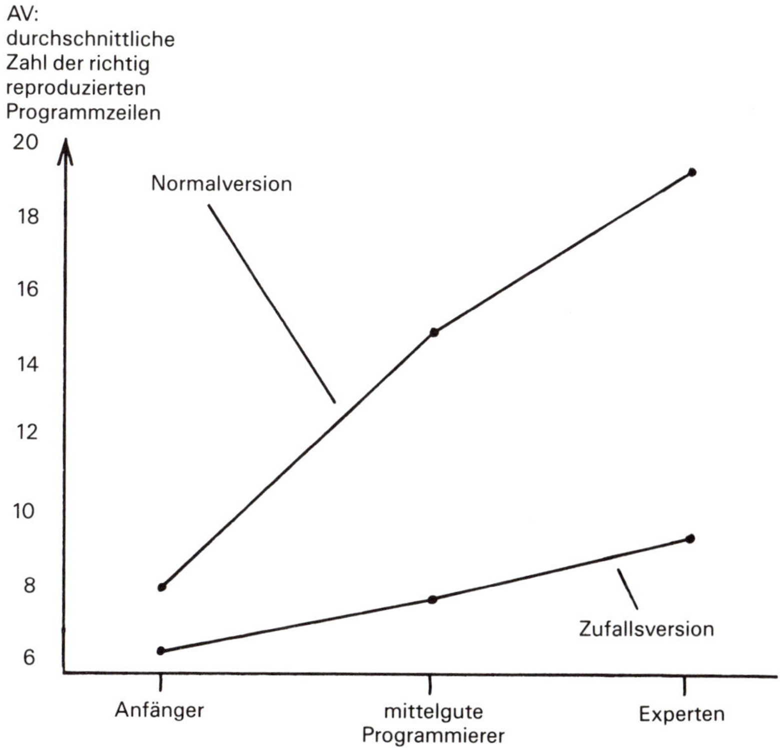

Abbildung 8: Tatsächliches Ergebnis des Experimentes von McKeithen et al. (1981), **mit Interaktion** zwischen den Faktoren. In einem Diagramm ist eine Interaktion daran erkenntlich, dass die Kurven nicht parallel sind.

Bei einem zweifaktoriellen Experiment mit den Faktoren A und B gibt es nur die Interaktion zwischen den UVn A und B. Interaktionen können aber auch zwischen drei, vier, und beliebig vielen UVn bestehen.
Bei einem dreifaktoriellen Experiment (UVn A, B und C) gibt es drei mögliche Interaktionen zwischen je zwei Faktoren, und eine Interaktion zwischen den drei Faktoren:

Interaktion zwischen A und B,
Interaktion zwischen B und C,
Interaktion zwischen A und C,
und
Interaktion zwischen A, B und C,

Je mehr Faktoren an einer Interaktion beteiligt sind, desto schwieriger ist es, diese Interaktion zu verstehen und zu interpretieren.
Eine Interaktion zwischen drei Faktoren ist meist noch gut zu verstehen, ab vier beteiligten UVn wird es dann schwierig.

Bei dem oben erwähnten Experiment zum Gesichtsausdruck für Angst und Abscheu ist nach den Ergebnissen der Untersuchung von Ekman und seinen Mitarbeitern (vgl. Ekman, 1979), eine Interaktion zwischen den drei Faktoren zu erwarten:
Bei dem neutralen Bildmaterial sollte sich die Häufigkeit von Gesichtsausdruck für Angst und Abscheu bei Japanern und Mitteleuropäern nicht unterscheiden, gleichgültig, ob eine Autoritätsperson anwesend ist oder nicht.
Bei dem Angst und Abscheu erregenden Bildmaterial sollte folgendes Ergebnis zu beobachten sein: Wenn *keine* Autoritätsperson anwesend ist, sollten sich die Ergebnisse von Mitteleuropäern und Japanern nicht (systematisch) unterscheiden, die Häufigkeit für Gesichtsausdrücke für Angst und Abscheu sollte natürlich größer sein als beim neutralen Bidmaterial. Wenn aber eine Autoritätsperson anwesend ist, sollte die Häufigkeit bei den Japanern deutlich niedriger sein als bei den Mitteleuropäern.
Ich habe in *Abbildung 9* ein *fiktives* Ergebnis im Sinne dieser Interaktion zusammengestellt.

Bitte ziehen Sie aus meiner Betonung der Interaktion aber nicht den Schluß, daß bei jedem Experiment eine (inhaltlich) bedeutsame Interaktion auftritt. Dies ist nicht der Fall. Auch das gegenteilige Ergebnis ist wichtig: Ergibt sich *keine* (signifikante) Interaktion, so sind die betroffenen Faktoren *unabhängig* voneinander. Dies wäre ebenfalls ein wichtiges Resultat.

Wie Sie an diesen kurzen Beispielen gesehen haben, lassen sich mit Hilfe eines multifaktoriellen Versuchsplanes komplexe Beziehungen zwischen Variablen erforschen. Dies ist der große Vorteil der mehrfaktoriellen Pläne. Interaktionen lassen sich nicht mit Experimenten überprüfen, bei denen jeweils nur eine einzige UV variiert wird.

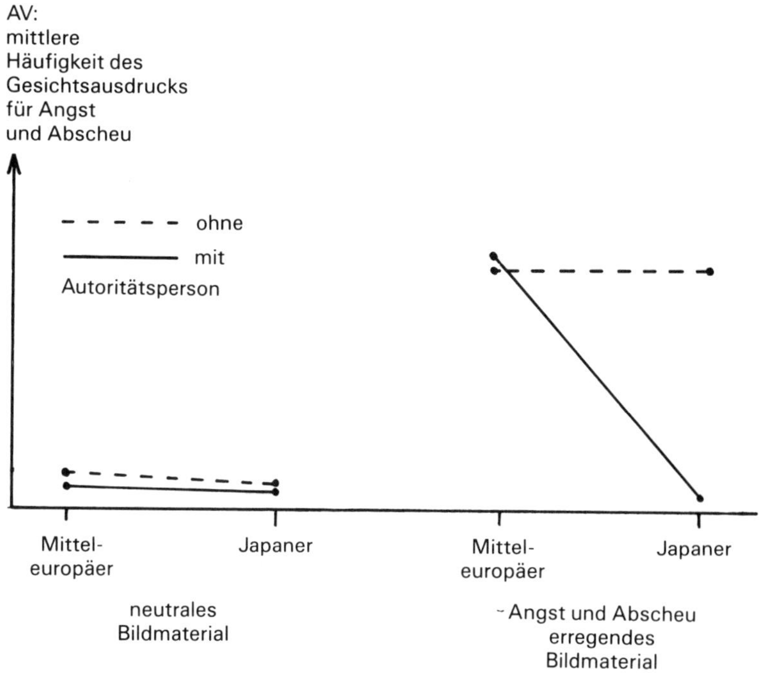

Abbildung 9: Fiktives Ergebnis des Experimentes zum Gesichtsausdruck.

Die Zahl der Hypothesen, die mit einem multifaktoriellen Versuchsplan überprüft werden können, steigt mit der Zahl der Faktoren rasch an: Bei einem zweifaktoriellen Plan sind es drei Hypothesen (zwei über die Haupteffekte, eine über die Interaktion), bei einem dreifaktoriellen Plan schon sieben (drei über die Haupteffekte, vier über Interaktionen), usw. Natürlich kann ein Forscher – insbesondere bei drei oder mehr UVn – meist nicht zu allen theoretisch prüfbaren Hypothesen auch tatsächlich Sachhypothesen im Vorhinein formulieren. Das macht weiter nichts, man darf eben Ergebnisse über Effekte (Haupteffekte und Interaktionen), zu denen man keine Hypothesen formuliert hat, ausschließlich zur Beschreibung oder zur Hypothesen*bildung* verwenden. Das Problem, daß man zu einem Effekt im Vorhinein keine Sachhypothese formulieren kann, betrifft natürlich meist die komplizierten Interaktionen. Es ist aber gerade bei mehrfaktoriellen Plänen auch möglich (und sinnvoll), daß man z.B. zu zwei UVn, über die man bereits Hypothesen spezifizieren kann, eine dritte UV in den Versuchsplan einbaut, deren Wirkung man erst erkunden will. Noch einmal, das ist völlig legitim, unter der Voraussetzung allerdings, daß die entsprechenden Daten nur zur Hypothesenbildung oder zur Beschreibung herangezogen werden.

Kapitel 6: Störvariablen bei mehreren Experimentellen Bedingungen pro VP

In diesem Abschnitt werde ich zwei spezielle Typen von Störvariablen und ihre Kontrolle behandeln: Positionseffekte und Carry-over-Effekte. Diese Störvariablen treten bei Versuchsplänen auf, bei denen eine Vp nicht nur einer einzigen experimentellen Bedingung ausgesetzt wird, sondern mehreren.
Ich habe dieses Thema in Kapitel 5.2 im Zusammenhang mit dem Experiment zum Gesichtsausdruck bereits kurz angesprochen.
Ein anderes Beispiel war das Experiment von Chase & Simon (1973): Betrachten wir die UVn B und C, d.h. die Anordnung der Figuren auf dem Spielbrett (entsprechend einer tatsächlichen Spielsituation oder zufällig) und die Zahl der Figuren auf dem Brett (24–26 oder 12–15). Anstatt jeder Vp nur eine einzige Kombination der Stufen von UV B und UV C vorzulegen, erhielt jede Vp alle vier experimentellen Bedingungen.

Sie finden Informationen über Versuchspläne, bei denen jede Vp mehreren experimentellen Bedingungen ausgesetzt wird, ausführlich z. B. in Bortz (1993) oder Kirk (1968). Solche Versuchspläne können sowohl mit einer UV als auch mit mehreren konstruiert werden. Es ist dabei nicht notwendig, daß jede Vp *alle* experimentellen Bedingungen durchmacht. Es genügt, daß es mehrere sind.
Auch die ganz elementaren Versuchspläne mit einer UV, die in zwei Stufen variiert wird (Stufen a1 und a2), können so gestaltet werden, daß jede Vp beide experimentellen Bedingungen absolviert.
Ein Beispiel aus Kapitel 4.3 sei hier wiederholt:

	Zeitpunkt t1	Zeitpunkt t2	Zeitpunkt t3	Zeitpunkt t4
eine Gruppe von Vpn:	UV(a1)	AV	UV(a2)	AV
Vp 1				
Vp 2				
Vp 3				
:				
:				

Jede Vp macht in diesem Versuchsplan zuerst die experimentelle Bedingung a1 durch, und anschließend die experimentelle Bedingung a2.
In dieser Form ist der Versuchsplan noch nicht brauchbar, weil alle Vpn die *gleiche Reihenfolge* von Bedingungen erhalten. Die Reihenfolge ist

aber eine Quelle für wichtige Störvariablen, die wir in Abschnitt 6.1 noch genauer kennen lernen werden: Positions- und Carry-over-Effekte.

Versuchspläne, bei denen jede Vp mehrere experimentelle Bedingungen mitmacht, haben zwei Vorteile:
1 Einmal erreicht man damit eine Parallelisierung vieler Störvariablen, die von der Versuchsperson her stammen. Wenn eine Vp mehreren experimentellen Bedingungen ausgesetzt ist, sind über diesen Bedingungen eben Störvariablen wie Einstellung, Alter, Geschlecht, sozioökonomischer Status, etc. perfekt parallelisiert.

2 Zum anderen ist dieses Vorgehen sehr ökonomisch. Weil jede Vp mehrere experimentelle Bedingungen durchmacht, kann man mit weniger Vpn auskommen.

Bei Versuchsplänen, bei denen jede Vp mehreren experimentellen Bedingungen ausgesetzt wird, ist eine zentrale Frage, *in welcher Reihenfolge* die experimentellen Bedingungen appliziert werden, weil – wie schon erwähnt – Positions- und Carry-over-Effekte als Störvariablen auftreten können.
Mit der Problematik der Reihenfolge ist ein Experimentator auch dann konfrontiert, wenn die Operationalisierung einer UV oder/und der AV aus *mehreren Schritten* besteht:
So sind z.B. viele Tests aus mehreren Einzelaufgaben zusammengesetzt, oder ein Fragebogen aus mehreren Fragen. Will man das Verhalten von Menschen bei einem bestimmten Typ von Problemen untersuchen, wird man üblicherweise die Vp mehrere derartige Probleme lösen lassen, nicht nur ein einziges. Auch wenn die Reaktionszeit der Vp auf einen bestimmten Stimulus gemessen wird, führt man in der Regel mehrere Messungen durch. Damit versucht man u.a., zufällige Fehler auszugleichen, und die Meßgenauigkeit zu erhöhen. Auch hier gilt es aber, eine Entscheidung darüber zu treffen, in welcher Reihenfolge die einzelnen Operationalisierungsschritte vorgegeben werden. Die Störvariablen und die Methoden zu ihrer Kontrolle sind prinzipiell die gleichen wie bei den Versuchsplänen mit mehreren experimentellen Bedingungen pro Vp.

6.1 Positionseffekt und Carry-over-Effekt

Ein **Positionseffekt** (Stellungseffekt) ist eine Störvariable, die von der Position einer experimentellen Bedingung in der Reihenfolge her bestimmt ist.
Typische Beispiele sind: die Ermüdung der Vp (oder auch des Vl) im Laufe eines längeren Versuches, Übungseffekte, die aufkommende Langeweile, der zunehmende und ablenkende Durst, aber auch die möglicherweise bestehende Angst der Vp vor dem Experiment, die sich im Laufe der Zeit verliert.

15:05
15:30
15:55
16:20
OH

Wenn das Experiment z.B. um 14 Uhr beginnt, dann hat die Vp um 15 Uhr einen bestimmten Grad der Ermüdung erreicht. Eine experimentelle Bedingung, die um 15 Uhr appliziert wird, hat dann eben andere Begleitumstände, als eine um 14 Uhr.
Für den Positionseffekt ist es maßgeblich, ob eine experimentelle Bedingung x z.B. an 2. oder an 7. Stelle in der Reihenfolge appliziert wird.

Ein **Carry-over-Effekt**[3] ist eine Störvariable, die davon herrührt, daß eine frühere experimentelle Bedingung eine spätere **inhaltlich** beeinflußt. Für den Carry-over-Effekt ist nicht die absolute Stellung einer experimentellen Bedingung in der Reihenfolge relevant, sondern lediglich, welche speziellen andere(n) Bedingung(en) ihr vorausgegangen sind. Für den Carry-over-Effekt ist also nicht maßgeblich, ob die experimentelle Bedingung x an 3. oder an 8. Position in der Reihenfolge auftritt, sondern nur, ob ihr z.B. die experimentelle Bedingung y vorangeht oder nicht.

Ein typisches Beispiel trat in einem Experiment auf, bei dem es um die Frage ging, wie Kinder verschiedener Altersstufen mit Unsicherheit und Risiko umgehen. In diesem Experiment machte jede Vp zwei experimentelle Bedingungen durch:
Experimentelle Bedingung x war eine Serie von einfachen Glückspielen, bei dem die Kinder je nach Altersstufe ein Stück Schokolade oder 5 Schilling gewinnen konnten.
Experimentelle Bedingung y bestand in einer Serie von Fragen über laufende sportliche Wettbewerbe (z.B. Ski-Weltcup der Damen, Fußballmeisterschaft) und wer sie wahrscheinlich gewinnen würde. Bei dieser experimentellen Bedingung gab es nichts zu gewinnen.
Im Vorexperiment zeigte sich folgender Carry-over-Effekt: Die Reihenfolge *y x* war problemlos. Die Vpn arbeiteten in beiden experimentellen Bedingungen interessiert und konzentriert. In der Reihenfolge *x y* hingegen waren die Vpn nur bei der experimentellen Bedingung x bei der Sache, bei der Bedingung y waren sie dagegen nicht mehr interessiert und motiviert. Offenbar waren sie durch die Belohnung bei der Bedingung x «verwöhnt», sodaß sich das Fehlen einer Belohnung bei der experimentellen Bedingung y negativ auswirkte.

Positionseffekt und Carry-over-Effekt können auch kombiniert auftreten.

In den folgenden beiden Abschnitten werde ich die Möglichkeiten zur Kontrolle dieser Effekte besprechen.

3 Leider hat sich für den Carry-over-Effekt keine deutsche Bezeichnung allgemein eingebürgert. Daher verzichte ich lieber auf eine Übersetzung.

6.2 Kontrolle von Positionseffekten

6.2.1 Vollständiges Ausbalancieren

Bei dieser Kontrolltechnik werden alle möglichen Reihenfolgen von experimentellen Bedingungen erzeugt. Jeder Reihenfolge wird dann ein entsprechender Anteil von Vpn zugeordnet.

Bei 3 experimentellen Bedingungen x, y und z (oder Operationalisierungsschritten) gibt es 6 mögliche Reihenfolgen:

Position

1	2	3	
x	y	z	(1/6 aller Vpn)
x	z	y	(1/6 aller Vpn)
y	x	z	(1/6 aller Vpn)
y	z	x	(1/6 aller Vpn)
z	x	y	(1/6 aller Vpn)
z	y	x	(1/6 aller Vpn)

Wenn alle Vpn alle drei experimentellen Bedingungen durchlaufen, dann wird jeder dieser Reihenfolgen 1/6 aller Vpn zugeordnet.

Mit der Methode des vollständigen Ausbalancierens werden Positionseffekte *über alle Vpn hinweg* ausgeglichen. Dies sei anhand eines ganz einfachen Experimentes bewiesen:

Nehmen wir an, wir wollten mit einem einfaktoriellen Versuchsplan die Reaktionszeit auf drei Arten von Signalen untersuchen:

L Lichtsignal,
T Tonsignal,
B Berührungssignal.

Jede Vp soll alle drei experimentellen Bedingungen mitmachen.
Die beobachtete Reaktionszeit einer Vp auf jedes der Signale setzt sich zusammen aus der «Original»-Reaktionszeit RZ und dem Einfluß des Positionseffektes PE an jeder der Positionen in der Reihenfolge. Der Positionseffekt könnte z.B. eine Verlängerung der Reaktionszeit durch die Ermüdung der Vp bewirken.
PE(i) sei die Größe dieses Positionseffektes an Position i. Die beobachtete Reaktionszeit ergibt sich dann als:

Reaktionszeit = RZ + PE(i).

Wenn die Methode des vollständigen Ausbalancierens tatsächlich den Positionseffekt kontrolliert, sollten sich insgesamt bei allen Positionen in der Reihenfolge gleiche Summen der PE(i)-Werte ergeben.

Abbildung 10 demonstriert an diesem Beispiel die Summe der Positionseffekte für jede der drei Bedingungen. Wie Sie sehen, ergeben sich bei der Methode des vollständigen Ausbalancierens für alle drei experimentellen Bedingungen insgesamt die gleichen Positionseffekte. Damit sind aber Positionseffekte neutralisiert.

Die Methode des vollständigen Ausbalancierens kann also Positionseffekte tatsächlich neutralisieren.
Ihr Problem ist, daß mit der Zahl der experimentellen Bedingungen oder Operationalisierungsschritte die Zahl der Vpn rasch wächst.
Jeder Reihenfolge muß mindestens eine Vp zugeordnet werden. Die Zahl der möglichen Reihenfolgen bei n experimentellen Bedingungen ist

$n! = 1 \times 2 \times \ldots \times n.$

Bei 4 experimentellen Bedingungen gibt es daher 24 Reihenfolgen, bei 5 schon 120, bei 6 gar 720.
Damit sind der Anwendung der Methode des vollständigen Ausbalancierens leider «natürliche» Grenzen gesetzt.

	Position			Reaktionszeit für Bedingung		
	1	2	3	B	L	T
Reihenfolge 1:	B	L	T	RZ+PE(1)	RZ+PE(2)	RZ+PE(3)
Reihenfolge 2:	B	T	L	RZ+PE(1)	RZ+PE(3)	RZ+PE(2)
Reihenfolge 3:	L	B	T	RZ+PE(2)	RZ+PE(1)	RZ+PE(3)
Reihenfolge 4:	L	T	B	RZ+PE(3)	RZ+PE(1)	RZ+PE(2)
Reihenfolge 5:	T	B	L	RZ+PE(2)	RZ+PE(3)	RZ+PE(1)
Reihenfolge 6:	T	L	B	RZ+PE(3)	RZ+PE(2)	RZ+PE(1)
Summe der Positionseffekte:				2 PE(1) 2 PE(2) 2 PE(3)	2 PE(1) 2 PE(2) 2 PE(3)	2 PE(1) 2 PE(2) 2 PE(3)

Abbildung 10: Summe der Positionseffekte für jede von drei experimentellen Bedingungen bei der Methode des vollständigen Ausbalancierens.

6.2.2 Unvollständiges Ausbalancieren

In die Gruppe der Methoden des unvollständigen Ausbalancierens fallen sehr unterschiedliche Kontrolltechniken: Zufallsauswahl, Spiegelbildmethode und die Methode des Lateinischen Quadrates. Gemeinsam ist ihnen allen, daß nur eine (u.U. sehr kleine) Untermenge aus allen Reihenfolgen von experimentellen Bedingungen im Experiment realisiert wird.

Zufallsauswahl

Aus allen möglichen Reihenfolgen von experimentellen Bedingungen werden mit Hilfe eines Zufallsverfahrens diejenigen ausgewählt, die den Vpn zugeordnet werden. Jede Vp erhält eine andere Reihenfolge. Dieses Verfahren ist besonders dann wirksam, wenn viele Vpn am Experiment teilnehmen. Es ermöglicht eine Kontrolle des Positionseffektes über alle Vpn hinweg.

Spiegelbildmethode

Bei der Spiegelbildmethode wird nur eine einzige Reihenfolge von experimentellen Bedingungen herausgegriffen. Diese wird aber verdoppelt und «gespiegelt».

Wenn es drei experimentelle Bedingungen gibt (x, y und z), und die Reihenfolge x y z herausgegriffen wird, dann wird bei der Spiegelbildmethode die Sequenz

x y z z y x

realisiert. Alle Vpn erhalten diese Sequenz.
Die Anwendung der Spiegelbildmethode ist an zwei Voraussetzungen gebunden:

(1) Es muß möglich sein, jede experimentelle Bedingung bei jeder Vp ohne Veränderung der anderen Umstände (z.B. Gedächtnis, Motivation) zweimal durchzuführen.

(2) Der Positionseffekt muß linear (vgl. Kapitel 4.2.5) sein.

Unter diesen beiden Voraussetzungen kontrolliert die Spiegelbildmethode den Positionseffekt. Ich lade die Leser ein, diese Behauptung kritisch zu überprüfen. Sie können dabei nach dem gleichen Prinzip wie in *Abbildung 10* vorgehen.
Der Vorteil der Spiegelbildmethode ist, daß der Positionseffekt für jede einzelne Vp kontrolliert wird.
Freilich kann man nicht ohne weiteres behaupten, daß ein Postionseffekt linear ist. Man müßte also vor der Anwendung der Spiegelbildmethode den Positionseffekt auf seine Linearität testen. Dies schränkt die Anwendung der Spiegelbildmethode ein.

Methode des Lateinischen Quadrats

Bei der Methode des Lateinischen Quadrates greift man genau so viele Reihenfolgen heraus, wie es experimentelle Bedingungen gibt. Die Vpn werden gleichmäßig auf diese Reihenfolgen aufgeteilt. Die Reihenfolgen werden ganz gezielt nach einem bestimmten Schema konstruiert (vgl. z. B. Bortz (1993); Schulz, Muthig & Koeppler, 1981).
Ich halte es nicht für sinnvoll, in dieser elementaren Einführung auf die Konstruktionsschemata einzugehen, die man bei Bedarf in den meisten Statistikbüchern nachschlagen kann.
Ein Beispiel für ein Lateinisches Quadrat aus vier experimentellen Bedingungen (a, b, c, d) ist das folgende:

a	b	c	d	(¼ aller Vpn)
b	d	a	c	(¼ aller Vpn)
d	c	b	a	(¼ aller Vpn)
c	a	d	b	(¼ aller Vpn)

Wie man sich überzeugen kann (vgl. das Vorgehen in *Abbildung 10*) kann mit einem derartigen Lateinischen Quadrat ein Positionseffekt effektiv kontrolliert werden. Auch hier gilt wie bei der Zufallsauswahl, daß der Positionseffekt nicht für jede einzelne Vp kontrolliert wird, sondern über alle Vpn hinweg.

Ein besonderer Vorteil des Lateinischen Quadrates ist, daß es in einen faktoriellen Versuchsplan integriert werden kann. In diesem Versuchsplan wird die Position der einzelnen experimentellen Bedingungen als UV eingeführt. Jeder Reihenfolge wird eine Gruppe von Vpn zugeordnet.

Der Versuchsplan für das Lateinische Quadrat von oben sieht dann so aus, wie in *Abbildung 11.*

Der Vorteil eines derartigen Versuchsplanes besteht darin, daß der Positionseffekt nicht nur kontrolliert werden kann, sondern gleichzeitig in seiner Wirkung überprüft wird.

	Position 1				Position 2				Position 3				Position 4			
	exp. Bed.				exp. Bed.				exp. Bed.				exp. Bed.			
	a	b	c	d	a	b	c	d	a	b	c	d	a	b	c	d
Gruppe 1	x					x					x					x
Gruppe 2		x						x	x						x	
Gruppe 3				x			x			x			x			
Gruppe 4			x		x							x		x		

Abbildung 11: Beispiel für ein Lateinisches Quadrat als faktorieller Versuchsplan

In diesem Versuchsplan werden nur die mit einem *x* gekennzeichneten Kombinationen realisiert. Dreiviertel der Zellen des Versuchsplanes sind also leer.

6.3 Kontrolle von Carry-over-Effekten

Die Methoden zur Kontrolle von Positionseffekten taugen leider nicht auch zur Kontrolle von Carry-over-Effekten.

Nehmen wir an, die Vpn hätten in den experimentellen Bedingungen a und b jeweils (verschiedene) Problemlöseaufgaben zu bewältigen. Nehmen wir weiter an, die Problemlöseaufgabe a enthielte Hinweise für die Lösung des Problems b. Das Umgekehrte sei aber nicht der Fall. In dieser Situation sind die Vpn, welche die Reihenfolge *a b* erhalten, denen gegenüber im Vorteil, die mit der Reihenfolge *b a* arbeiten. Dies könnte sich vermutlich so auswirken, daß die Lösung für das Problem b bei der Reihenfolge *a b* leichter gefunden wird als bei der Reihenfolge *b a*. Wegen dieser Asymmetrie kann auch das vollständige Ausbalancieren den Carry-over-Effekt nicht kontrollieren.

Was kann man also tun, um einen Carry-over-Effekt zu neutralisieren? Mir scheinen nur zwei Maßnahmen wirklich wirksam zu sein:

(1) Wenn man die Ursache des Carry-over-Effekt kennt, kann man versuchen, die experimentelle(n) Bedingung(en) so umzugestalten, daß diese Ursache beseitigt wird. Gelingt dies, hat man auch den Carry-over-Effekt beseitigt. Diese Vorgehensweise ist natürlich nur unter der Voraussetzung sinnvoll, daß mit der Umgestaltung der experimentellen Bedingung(en) die Hypothesenprüfung nicht beeinträchtigt wird.
In dem eben erwähnten Beispiel mit den Problemlöseaufgaben kann man z.B. die Aufgabe a so umgestalten, daß die Hinweise für die Lösung des Problems b entfallen.

(2) Die radikalste Kur gegen einen Carry-over-Effekt aber besteht in der Rückkehr zu einem Versuchsplan, bei dem jede Vp nur einer *einzigen* experimentellen Bedingung ausgesetzt wird. Dies ist zwar aufwendig, aber ein Carry-over-Effekt kann sicher nicht auftreten.

Wenn es unbedingt notwendig ist, einen Versuchsplan mit Meßwiederholung einzusetzen, obwohl man mit einem Carry-over-Effekt rechnen muß, sollte man wenigstens zwischen den Applikationen der einzelnen experimentellen Bedingungen bei jeder Vp möglichst viel Zeit verstreichen lassen.

Es gibt also gegen den Carry-over-Effekt keine so bequemen Kontrolltechniken wie gegen den Positionseffekt.

Kapitel 7: Störvariablen aus der sozialen Situation des Experimentes

Vl und Vpn nehmen nicht nur in den klar definierten Rollen am Experiment teil, die ihnen die Untersuchung zuweist. Vl und Vpn haben ihre ganz persönlichen Hoffnungen, Erwartungen, Befürchtungen, Motive etc., die sie natürlich nicht plötzlich «einfrieren», nur weil sie an einem Experiment teilnehmen.
Ich werde in diesem Kapitel die wichtigsten Störvariablen diskutieren, die sich aus der Tatsache ergeben, daß ein Experiment *auch* eine soziale Situation mit allen ihren Konsequenzen darstellt. Das gilt freilich nicht nur für das Experiment, sondern für jede wissenschaftliche Untersuchung, und auch für Interaktionen im Rahmen der Anwendung der Wissenschaft, z.B. für die Durchführung eines projektiven Tests wie den Rorschach-Test. Allerdings ist die soziale Situation als Störvariable im Zusammenhang mit dem Experiment am weitaus besten erforscht.

Ich werde im Kapitel 7.1 den Vl-Erwartungseffekt und die Techniken für seine Kontrolle behandeln, im Abschnitt 7.2 die Störvariablen der Vp.

7.1 Die Erwartung des Vl als Störvariable

Wir haben im Zusammenhang mit Störvariablen schon des öfteren über den Vl als Quelle für eine Vielfalt von Störvariablen gesprochen. Ich erinnere beispielsweise nur an das Geschlecht des Vl als Störvariable, seine (sympathische oder unsympathische) Wirkung auf die Vp, sein Verhalten z.B. bei der Begrüßung der Vp, bei der Instruktion, etc. Auch die Rolle des Vl als «Instrument» bei der Operationalisierung und Messung haben wir bereits angesprochen, und in diesem Kontext z.B. die Ermüdung des Vl als Störvariable. Diese Störvariablen können mit einer der bereits bekannten Methoden zur Kontrolle von Störvariablen neutralisiert werden.
In diesem Abschnitt geht es um eine spezielle Störvariable, nämlich um die Erwartung des Vl. In vermutlich den meisten Experimenten ist diese Störvariable nicht weiter kritisch. Die Gründe dafür werden wir am Ende des nächsten Abschnittes besprechen. Wo der Vl-Erwartungseffekt allerdings zum Tragen kommen kann, muß man ihn als Störvariable sehr ernst nehmen.

7.1.1 Der Versuchsleiter-Erwartungseffekt

Der Versuchsleiter erwartet in einer wissenschaftlichen Untersuchung üblicherweise ein bestimmtes Ergebnis, z.B. die Bestätigung der Sachhypothese oder ihre Falsifizierung. Es *kann* nun passieren, daß der Vl die Vp unbeabsichtigt im Sinne seiner Erwartung beeinflußt. Dies ist der **Versuchsleiter-Erwartungseffekt**. Wichtig ist, daß die Beeinflussung von seiten des Vl **unbeabsichtigt** ist. Es geht also nicht um plumpe Fälschung, sondern um eine Störvariable, die ein ehrlicher und um saubere Arbeit bemühter Vl verursachen kann. Die zentrale Rolle bei der Beeinflussung der Vp spielt das nonverbale Verhalten des Vl: Gesichtsausdruck, Gestik, Körperhaltung, Betonung, Sprechgeschwindigkeit, etc.
Der Vl-Erwartungseffekt heißt auch *Rosenthal-Effekt.* Rosenthal hat den Vl-Erwartungseffekt als einer der ersten systematisch erforscht. Seine Ergebnisse sind z.B. in Rosenthal (1966) zusammengefaßt.

Eines der bekanntesten Experimente von Rosenthal ist das folgende (vgl. *Abbildung 12*):
12 Vl hatten ein Experiment mit Ratten durchzuführen. Die Ratten hatten eine Lernaufgabe zu meistern. Jeder Vl mußte mit 5 Ratten arbeiten. Die Vl wurden in zwei Gruppen (I und D) aufgeteilt, dabei wurde als Störvariable parallelisiert, wie gerne die Vl mit Ratten umgingen. *Alle Ratten stammten aus ein-und-derselben homogenen Zucht.* Es wurden 12 Gruppen zu je 5 Ratten gebildet (parallelisiert nach Geschlecht und Alter), die Rattengruppen wurden den Vln zufällig zugeteilt.
UV war die unterschiedliche Information über die (angebliche) Intelligenz der Ratten: Den Vln der Gruppe I wurde mitgeteilt, ihre Ratten stammten aus einer Zucht von besonders intelligenten Tieren, denen der Gruppe D wurde gesagt, ihre Ratten seien aus einer Zucht von dummen Ratten.
AV war, ob die Ratten die Lernaufgabe meisterten oder nicht.
Das Ergebnis entsprach den Erwartungen der Vl: Die Ratten der Vl aus der Gruppe I, die es mit angeblich intelligenten Tieren zu tun hatten, lernten die Aufgabe deutlich besser als die angeblich dummen Ratten der Vl in Gruppe D.

Inzwischen weiß man einigermaßen, worauf dieser Vl- Erwartungseffekt zurückzuführen ist: Vl arbeiten lieber mit intelligenten Ratten, nehmen intelligente Ratten öfter in die Hand, streicheln sie öfter, sind geduldiger mit ihnen, schreien sie nicht an, usw.

Diese und ähnliche Ergebnisse zum Vl-Erwartungseffekt waren und sind nicht nur für die Psychologie relevant, sondern z.B. auch für die Pädagogik. Kinder kommen ja häufig bereits mit einer Etikettierung in die Hand eines neuen Lehrers: «guter Schüler», «fauler Schüler», «undisziplinierter Schüler», etc. Nun zeigte sich, daß derartige Typisierungen

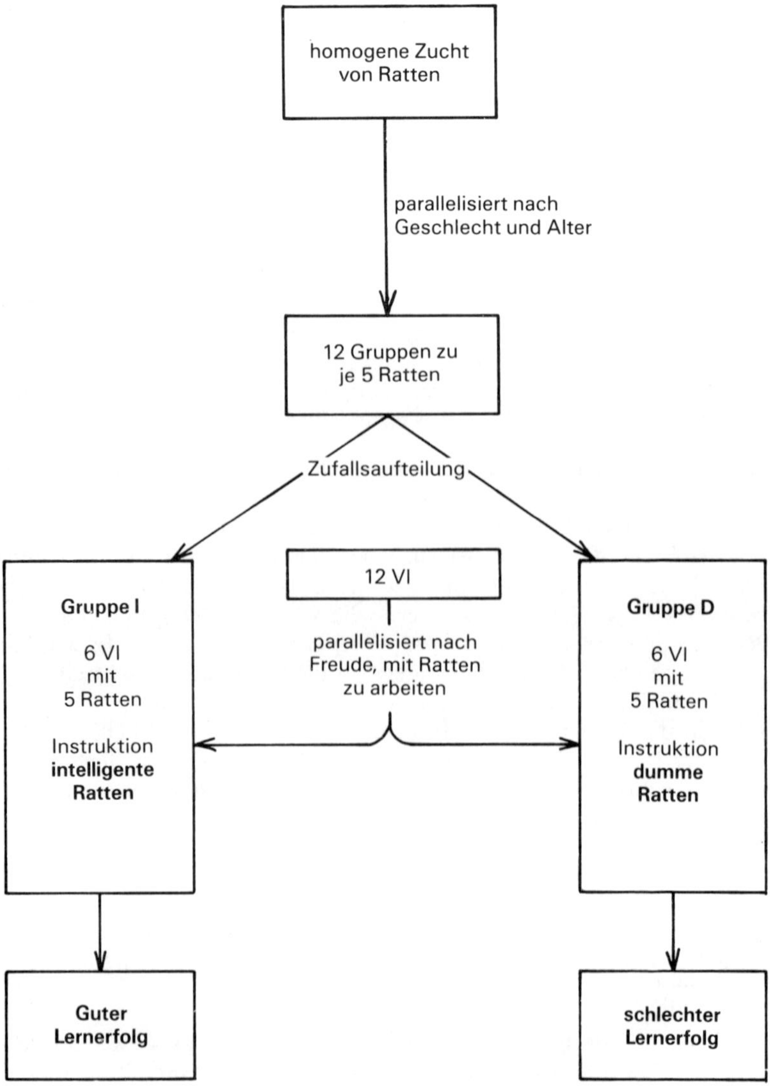

Abbildung 12: Schema des Experimentes von Rosenthal.

u.U. das entsprechende Verhalten erst provozieren (über den Vl-Erwartungseffekt).

Es sei betont, daß der Vl-Erwartungseffekt nicht auf experimentelle Situationen beschränkt ist, sondern überall dort auftreten kann, wo ein Psychologe, der eine Vl-ähnliche Rolle innehat, mit einer Person interagiert, deren Rolle einer Vp ähnlich ist.
So konnte z.B. nachgewiesen werden, daß der «Vl» beim Rorschach-Test (ein projektiver Persönlichkeits-Test) die «Vpn» dazu bringen kann, bestimmte Antworten (z.B. M-Antworten) häufiger zu produzieren (Wiches, 1956). Der «Vl» erreicht dies, indem er bei den entsprechenden Antworten der «Vp» lächelt oder ein freundliches Gesicht macht. Den «Vpn» wurde dabei die Beeinflussung durch den «Vl» nicht bewußt!
Andere Untersuchungen haben u.a. ergeben, daß Vl die Vpn so beeinflussen können, daß sie sich z.B. bei Berichten aus ihrer Kindheit gehäuft auf bestimmte Erlebnisse konzentrieren. Hildum & Brown (1956) kommen sogar zu dem Schluß, daß beispielsweise ein Therapeut, der an den Ödipuskomplex glaubt, seine Klienten unbeabsichtigt so beeinflussen (konditionieren) kann, daß diese häufiger Berichte mit ödipalem Inhalt produzieren.

Die Existenz des Vl-Erwartungseffektes rührt an die Grundmauern der empirischen Psychologie, insbesondere auch der Experimentalpsychologie. Wenn der Vl wirklich das Ergebnis seiner Untersuchung unbeabsichtigt in Richtung auf seine Erwartung verzerrt, dann sind eben die Ergebnisse fast aller empirischen Untersuchungen fragwürdig. Lediglich die Untersuchungen bleiben vom Vl-Erwartungseffekt verschont, bei denen Vl und Vpn nicht miteinander interagieren, z.B. wenn ein Vl die Vpn unbemerkt und ohne mit ihnen in Kontakt zu treten beobachtet.

Die Möglichkeit des Vl-Erwartungseffektes wurde durch eine Reihe weiterer Untersuchungen untermauert. Diese liefern allerdings ein wesentlich differenzierteres Bild, vgl. z.B. Gniech (1976), Timaeus (1974):

(1) Der Vl-Erwartungseffekt tritt nicht in allen Untersuchungen auf. Damit ein Vl-Erwartungseffekt zum Tragen kommt, müssen mehrere Bedingungen erfüllt sein:

1 Der Vl muß in der Lage sein, für jede Vp eine Erwartung zu bilden. Dies ist z.B. dann nicht möglich, wenn die Erwartung auf einem Muster von Vpn-Reaktionen basiert, das aber erst erkennbar ist, wenn alle Reaktionen der Vp vorliegen.

2 Der Vl muß seine Erwartung in einem bestimmten Verhalten ausdrücken. Dies kann z.B. durch eine Schulung des Vl vermieden werden.

3 Die Vp muß in der Lage sein, aus dem Verhalten des Vl Information darüber zu entnehmen, welches Verhalten von ihr erwartet wird. Hat die Vp z.B. eine komplexe Reaktion ausgeführt, und der

Vl verdreht die Augen, dann kann die Vp nicht unterscheiden, auf welchen Aspekt der Reaktion sich der Vl bezieht.

4 Die Vp muß sich beeinflussen lassen.

(2) Es existieren große interindividuelle Unterschiede zwischen Vln, d.h. es gibt Vl, die eher anfällig für den Vl-Erwartungseffekt sind, und solche, die eher immun dagegen sind.

(3) Es gibt die Möglichkeit, den Vl-Erwartungseffekt zu kontrollieren.

7.1.2 Kontrolle des Vl-Erwartungseffektes

(1) Standardisierung der Versuchsbedingungen

Je standardisierter die Versuchsbedingungen sind, desto weniger Spielraum bleibt dem Vl, der zum Auftreten eines Vl-Erwartungseffektes führen könnte. Das nonverbale Verhalten des Vl bei der Instruktion kann z.B. standardisiert werden, indem der Vl auf Video aufgenommen wird und allen Vpn das gleiche Videoband vorgeführt wird.

(2) Ausschalten des Vl

Wenn es möglich ist, den Vl in den für den Vl-Erwartungseffekt kritischen Phasen des Experimentes ganz auszuschalten, ist der Vl- Erwartungseffekt natürlich kontrolliert. So kann der Vl u.U. durch einen Fragebogen ersetzt werden. Wie ich in Abschnitt 4.7.5 schon dargelegt habe, bietet sich in der Gegenwart immer mehr die Möglichkeit, VI bei der Operationalisierung und Durchführung durch Computer zu ersetzen.

(3) Training des Vl

Es geht dabei insbesondere um das Training von nonverbalen Verhaltensweisen wie Mimik, Gestik, Sprechweise, Betonung, etc. Ein derartiges Training für Vl scheint in Bereichen, die für den Vl- Erwartungseffekt anfällig sind (z.B. pädagogische Fragestellungen) deswegen so notwendig, weil es nicht zum Standardprogramm der Ausbildung von Psychologen im Rahmen des Studiums gehört.
Sinnvoll scheint auch, an ein Training eine Testphase anzuschließen, in der die Anfälligkeit jedes Vl für den Vl- Erwartungseffekt getestet wird. In sensiblen Bereichen sollten dann natürlich nur solche Personen als Vl eingesetzt werden, bei denen kein Vl-Erwartungseffekt auftritt.

(4) Manipulation der Erwartung des Vl

Wenn an einer Untersuchung mehrere Vl mitarbeiten, kann man unter Umständen die Erwartung von Vln gezielt manipulieren. Voraussetzung ist, daß der Vl, welcher die experimentellen Bedingungen appliziert, nicht identisch ist mit dem Vl, der die AV operationalisiert oder mißt. Prinzipell wäre eine solche Manipulation der Erwartung auch bei ein- und-demselben Vl möglich, doch würde das voraussetzen, daß der Vl weder die Hypothese kennt, die geprüft werden soll, noch eigene Hypothesen entwickelt. Das scheint mir aber nicht sehr realistisch, denn der Vl sollte andererseits fachlich kompetent sein.

Nehmen wir an, wir hätten mit den Vpn der Experimentalgruppe ein Kreativitätstraining durchgeführt, mit denen der Kontrollgruppe eine nicht-kreativitätsbezogene Aktivität. Als AV wollen wir registrieren, wie gut die Vpn jeweils bestimmte Kreativitätsprobleme lösen. Nehmen wir weiter an, wir befürchteten einen störenden Effekt der Erwartung des Vl. In diesem Fall könnten wir die Funktionen des Vl auf zwei Vl aufteilen: Einer appliziert die UV (Kreativitätstraining bzw. die andere Aktivität), der zweite betreut die Vpn bei der Operationalisierung der AV (Lösung der Kreativitätsprobleme). Bei diesem zweiten Vl kann die Erwartung manipuliert werden. So könnte man ihm z.B. fälschlicherweise bei einem Teil der Vpn der Experimentalgruppe vortäuschen, sie seien aus der Kontrollgruppe, und umgekehrt. Wenn die Manipulation der Erwartung gelingt, kann man den Vl-Erwartungseffekt so durch Konstanthalten über alle experimentellen Gruppen entschärfen.

Eine andere Kontrollmöglichkeit bietet die Einführung einer Erwartungskontrollgruppe. Zu den beiden üblichen Gruppen - Experimentalgruppe (UV-Stufe 1) und Kontrollgruppe (UV-Stufe 0) - wird eine dritte Gruppe ins Experiment eingeführt: die Erwartungskontrollgruppe. Auch bei ihr wird wie bei der Kontrollgruppe die UV-Stufe 0 eingesetzt, der Vl wird aber so manipuliert, daß er das gleiche Ergebnis wie bei der Experimentalgruppe erwartet.

Experimentalgruppe	UV-Stufe 1	AV
Kontrollgruppe	UV-Stufe 0	AV
Erwartungskontrollgruppe	UV-Stufe 0	AV

Erzielt die Erwartungskontrollgruppe ein ähnliches Ergebnis wie die Experimentalgruppe, muß man annehmen, daß die Erwartung des Vl auch bei der Experimentalgruppe einen Einfluß hatte. Dieser Versuchsplan wurde von Solomon (vgl. Campbell & Stanley, 1963) entwickelt.

(5) Blindversuch und Doppelblindversuch

Wenn die Vl-Funktionen auf mehrere Vl aufgeteilt werden, besteht die Möglichkeit eines Blindversuchs. Beim **Blindversuch** wird der Vl im Dunklen darüber gelassen, welcher experimentellen Bedingung die Vp ausgesetzt war, mit der er arbeitet.

Bei dem Beispiel von vorher würde dem Vl also überhaupt keine Information darüber gegeben werden, zu welcher Gruppe des Experimentes seine Vp gehört. Sofern der Vl keine eigene Erwartung entwickelt (z.B. aus den Verhaltensweisen der Vp), ist damit der Vl- Erwartungseffekt kontrolliert.

Wenn nicht nur der Vl, sondern auch die Vp «blind» ist in bezug auf die experimentelle Gruppe, zu der die Vp gehört, handelt es sich um einen **Doppelblindversuch**. Der Doppelblindversuch spielt z.B. in der Pharmakoforschung eine wichtige Rolle, weil er es auch erlaubt, Placeboef-

fekte zu isolieren. Ich werde auf dieses Thema in Abschnitt 7.2.1 ausführlicher eingehen.

7.2 Versuchspersonen-Effekte

Ich werde mich in diesem Abschnitt auf zwei Typen von Störvariablen konzentrieren: Die Erwartung der Vp und die Motive der Vp. Beide Typen von Störvariablen können auch kombiniert auftreten.

7.2.1 Erwartung der Vp

Die Erwartungen der Vp *können* ihr Verhalten in einer Untersuchung stark beeinflussen. Diese Störvariable muß nur dort kontrolliert werden, wo man annehmen muß, daß die Erwartung das Verhalten der Vp verändert. Ich konzentriere mich auf drei Typen von Erwartungen.

(1) Erwartungen, wie eine experimentelle Bedingung wirkt

Wenn eine Vp z.B. weiß, daß sie ein Beruhigungsmittel erhalten hat, wird sie wahrscheinlich aufgrund ihrer Alltagspsychologie und Alltagspharmakologie erwarten, daß sich ihre Reaktionszeit verlängern wird, daß sie weniger schnell arbeitet, daß sie Konzentrationsschwierigkeiten hat, etc. Erwartungen über die Wirkung einer experimentellen Bedingung kön-

nen auch aus Hypothesen der Vp über die Hypothesen des Vl stammen, oder gar aus der Kenntnis der tatsächlichen Sachhypothesen (z.B. wenn höhersemestrige Psychologiestudenten Vpn sind).
Mit derartigen Erwartungen muß man besonders dann rechnen, wenn die Vp auch weiß (oder vermutet), welche anderen experimentellen Bedingungen im Experiment variiert werden. Wenn die Vp z.B. bemerkt, daß andere Vpn bei einer sensumotorischen Aufgabe (z.B. Steuern eines Hubschraubers am Flugsimulator) eine zusätzliche Übungsphase absolvieren, sie selbst aber nicht, wird sich das vermutlich auf die Erwartungen über ihr eigenes Verhalten auswirken.
Eine Möglichkeit, diese Störvariable zu kontrollieren, besteht darin, die Vp über den Zweck des Experimentes, die relevanten Details der experimentellen Bedingungen, die Variablen, die den Forscher interessieren, etc., im Unklaren zu lassen. Wenn die Vp dabei auf eine falsche Fährte gelockt wird, ist das vielleicht sogar günstig (für den Vl). So glauben Eltern in einem Experiment z.B., der Vl sei ausschließlich am Verhalten der Kinder interessiert, während der Vl in Wahrheit das Interaktionsverhalten der Eltern registriert.
Um den Aufbau einer Erwartung bei der Vp zu verhindern, muß die experimentelle Situation so gestaltet werden, daß die Vpn keine entsprechend nutzbaren Informationen erhalten.
Betrachten wir als Beispiel ein Pharmakoexperiment, in dem die Experimentalgruppe eine Substanz erhält, welche die Gedächtnisleistung verbessern soll. Diese Substanz werde den Vpn in Form von Tabletten verabreicht. Nun muß verhindert werden, daß die Vpn in der Kontrollgruppe erkennen, daß sie keine derartige Substanz erhalten. In einem Doppelblindversuch (vgl Abschnitt (5) in 7.1.2) erhalten sie daher ein *Placebo*, d.h. in unserem Beispielsfall, eine Tablette aus völlig unwirksamen Substanzen, die aber sonst der wirksamen Tablette gleicht.
Der Doppelblindversuch ermöglicht es neben der Kontrolle der Erwartung des Vl und der Vpn auch, den **Placeboeffekt** zu erforschen. Dabei wird bei den Vpn, die das Placebo erhalten, die Information so gesteuert, daß sie meinen, die wirksame Substanz verabreicht zu bekommen. Entsprechend bauen sie auch ihre Erwartung auf. Mit diesem Versuchsplan kann man prüfen, ob die Erwartung der Vp *allein* bereits den gleichen oder einen ähnlichen Effekt hat wie die Gabe der wirksamen Substanz.

(2) Erwartungen aufgrund von Aufforderungsvariablen

Bestimmte Variablen der experimentellen Situation können der Vp signalisieren, welches Verhalten zu erwarten ist. So führt z.B. ein Hinweis in der Instruktion, daß Halluzinationen auftreten können, tatsächlich dazu, daß die Vpn in höherem Ausmaß über erlebte Halluzinationen berichten (Orne & Scheibe, 1964). Wird der Vp eine Paniktaste im Versuchsraum gezeigt und erklärt, daß sie diese drücken könne, wenn ihre

Angst allzu groß ist, führt das zu einer Erhöhung der auftretenden Angst.
Derartige Variablen der Situation werden **Aufforderungsvariablen** oder *Demand-Variablen* genannt. Sie können mit den schon bekannten Methoden zur Kontrolle von Störvariablen neutralisiert werden.

(3) Erwartungen über die soziale Erwünschtheit von Verhalten

Bei Untersuchungen, in die Verhaltensweisen involviert sind, die mit sozialen Normen und Werten zu tun haben, muß man damit rechnen, daß solche Normen und Werte das Verhalten der Vp beeinflussen können. Eine Vp wagt z.B. nicht, ihre wirkliche Einstellung zu einem bestimmten Problem zu äußern, weil sie die Mißbilligung des Vl fürchtet.
Prinzipiell können für die Kontrolle dieser Erwartungen ebenfalls die bereits bekannten Kontrolltechniken eingesetzt werden. Ich werde auf das Thema der sozialen Erwünschtheit im nächsten Abschnitt noch einmal zurückkommen.

Aus der Tatsache, daß die Vp eine bestimmte Erwartung hat, folgt nicht unbedingt, daß sie sich entsprechend dieser Erwartung verhält. Eine Vp muß z.B. unter störendem Lärmeinfluß eine kognitive Aufgabe erfüllen, die hohe Konzentration erfordert. Die Vp fühlt sich vom Lärm beeinträchtigt und fürchtet, daß ihre Konzentration leidet. *Gerade deswegen* kann sie sich besonders bemühen, sich zu konzentrieren. Wenn eine Vp die Hypothese des Vl zu erkennen glaubt, dann kann sie sich kooperativ verhalten, oder aber gegen den Vl arbeiten. Auf diesen Aspekt werde ich ebenfalls im nächsten Abschnitt noch eingehen.

7.2.2 Motive der Vpn

Von den vielfältigen Motiven der Vp seien hier nur zwei generelle Typen herausgegriffen, die im Zusammenhang mit einem Experiment oder anderen wissenschaftlichen Untersuchungen bedeutsam sein können: die Motive für die Teilnahme bzw. Nicht-Teilnahme an der Untersuchung, und die Motive der Vp, die ihr Verhalten während des Experimentes beeinflussen.

(1) Motive für die Teilnahme oder Nicht-Teilnahme

Wenn die Teilnahme an einer Untersuchung freiwillig ist – was ja eigentlich immer der Fall sein sollte –, können potentielle Vpn natürlich die Teilnahme verweigern. Wenn ein substantieller Anteil von angesprochenen Personen die Teilnahme ablehnt und die Verweigerung der Teilnahme mit dem Inhalt des Experimentes zusammenhängt, kann das natürlich zu schwerwiegenden Verzerrungen führen.

So könnte ein Vl z.B. Vpn werben, die in Gruppen eine bestimmte längere Aufgabe bearbeiten müssen. Wenn nun alle die Vpn die Teilnahme ablehnen, welche ungern in Gruppen arbeiten, bleiben nur die Vpn im Experiment übrig, welche gegen Gruppenarbeit zumindestens nichts einzuwenden haben. Es ist aber dann fraglich, ob das Ergebnis auf Gruppensituationen z.B. in Organisationen, Betrieben, etc. verallgemeinert werden kann. Denn dort müssen u.U. auch solche Mitarbeiter in Gruppen arbeiten, die das verabscheuen.
Für die Zustimmung oder Ablehnung der Teilnahme kann auch die vorherige Erfahrung einer Person als Vp (im weitesten Sinn) ausschlaggebend sein.

In vielen Situationen kann der Prozentsatz an Teilnehmern weit genug erhöht werden, indem man den Anreiz für die Teilnahme erhöht. Eine Möglichkeit dafür bietet z.B. eine entsprechende finanzielle Belohnung der Vpn.
Möglich ist auch ein mehr oder weniger sanfter Zwang. Ein Beispiel ist die an vielen Psychologischen Instituten in aller Welt geübte Praxis, die Studenten zur Ableistung einer bestimmten Stundenzahl als Vpn zu verpflichten (als Voraussetzung für die Zulassung zu Prüfungen). Die Frage ist nur, ob ein solcher Zwang auch empfehlenswert ist. Dagegen sprechen nicht nur ethische Gründe. Eine erzwungene Teilnahme führt auch eher dazu, daß die Vp versucht, gegen den Vl zu arbeiten und die Untersuchung zu boykottieren (dazu auch Abschnitt (2)), vgl. Gniech (1976).

Es sei aber betont, daß wohl bei den meisten Experimenten die Ablehnung der Teilnahme nichts mit dem Thema des Experimentes zu tun hat, sondern vielmehr mit dem Aufwand an Zeit, Weg, etc. für die Vp, und mit der Überzeugungskraft des Werbers. Bei vielen Experimenten ist auch der Prozentsatz an Nicht-Teilnehmern verschwindend klein.
Wenn ein substantieller Anteil von potentiellen Vpn die Teilnahme ablehnt, muß bei der Publikation der Untersuchung der Prozentsatz der Ablehner zumindestens angegeben werden. Das ist zwar keine Kontrolle der Störvariablen, gibt dem Leser aber wenigstens die Chance, dies bei seiner Bewertung des Ergebnisses zu berücksichtigen.
Wenn die Verweigerung der Teilnahme asymmetrisch ist - d.h. wenn die Zahl der Ablehner bei einer experimentellen Bedingung systematisch höher ist als bei einer anderen -, kann ein echtes Experiment auf keinen Fall durchgezogen werden. Man kann in einem solchen Fall u.U. aber immer noch auf einen quasi-experimentellen Versuchsplan (vgl. Kapitel 8) zurückgreifen.

(2) Motive, die das Verhalten im Experiment beeinflussen

(2.1) Kooperation - Nichtkooperation. Hier geht es im Prinzip um die Frage, ob sich eine Vp dem Vl gegenüber kooperativ verhält oder unko-

operativ. Im ersten Fall wird sie seine Anweisungen befolgen und insgesamt versuchen, dem Vl zu «helfen» (z.B. dadurch, daß sie sich entsprechend seiner Hypothese verhält). Eine nichtkooperative Vp wird die Anweisungen des Vl - wenn möglich - unterlaufen und insgesamt gegen den Vl arbeiten. Gründe für unkooperatives Verhalten der Vp können z.B. in einer erzwungenen Teilnahme liegen, in unguten Vorerfahrungen mit Psychologen im allgemeinen oder in Experimenten im speziellen, usw.
Ziel ist natürlich eine eher kooperative Vp. Sie soll aber die Hypothesen des Vl nicht kennen und nicht erraten können, damit sie ihr Verhalten nicht gezielt danach richten kann.
(2.2) Testangst - Bewertungsangst (*evaluation apprehension*). Manche Vpn haben Angst, wenn sie mit Psychologen in Kontakt treten oder an Tests teilnehmen. Sie fürchten, «durchschaut» zu werden, oder daß schlechte Eigenschaften (Egoismus, mangelnde Intelligenz, etc.) offenbar werden (für andere und für sie selbst). Die Unsicherheit und Angst kann natürlich das Verhalten dieser Vpn im Experiment beeinträchtigen. Die Test- und/oder Bewertungsangst kann auch ein Motiv für die Ablehnung der Teilnahme sein. Oft kann diese Störvariable durch entsprechende Aufklärung der Vp entschärft werden, sonst muß eine der schon bekannten Kontrolltechniken eingesetzt werden.
(2.3) Bedürfnis nach sozialer Anerkennung. Dieses Motiv führt zu sozial erwünschtem Verhalten, oder was die Vp dafür hält. Die Vp wird z.B. gefragt, ob sie wenigstens gelegentlich eine Folge einer Fernsehserie wie *Dallas*, *Denver-Clan*, *Schwarzwaldklinik*, etc., sieht. Die Vp verneint diese Frage fälschlicherweise, weil sie befürchtet, die ehrliche Antwort würde ihr Ansehen beim Vl herabsetzen.
Auch diese Störvariable kann man durch Aufklärung der Vp oder ein offenes und gutes Verhältnis zwischen Vl und Vp durchaus beseitigen. Die üblichen Kontrolltechniken sind ebenfalls geeignet.
Bei Fragebogenuntersuchungen gibt es spezielle Methoden, diese Störvariable zu kontrollieren oder wenigstens ihr Ausmaß abschätzen zu können. Beispiele sind die sogenannten «Lügenitems» in Fragebogen, oder das Bogus-Pipeline-Paradigma zur Einstellungsmessung (vgl. z.B. Brackwede, 1980).

Kapitel 8: Quasi-Experimente

8.1 Was sind Quasi-Experimente?

Es gibt Untersuchungen, bei denen der Vl wohl eine UV variieren kann, aber nicht alle relevanten Störvariablen unter Kontrolle hat. Insbesondere die zufällige Zuordnung von Vpn zu experimentellen Gruppen ist oft nicht möglich. Solche Untersuchungen werden **Quasi- Experimente** genannt. Sie erfüllen also mit der Variation mindestens einer UV das erste Kriterium für ein Experiment (vgl. Kapitel 3), nicht aber das zweite: die Kontrolle der relevanten Störvariablen.

Quasi-Experimente sind für Untersuchungen im Feld bzw. unter feldähnlichen Bedingungen besonders wichtig, weil sie hier oft das methodisch schärfste Werkzeug sind, das eingesetzt werden kann.
Ein typisches Beispiel sind pädagogisch-psychologische Fragestellungen, die in der natürlichen Schulsituation erforscht werden.
Nehmen wir z.B. an, es soll untersucht werden, welcher von zwei Verhaltensstilen von Lehrern besser geeignet ist, die Disziplin in der Schulklasse aufrecht zu erhalten: Lob für richtiges Verhalten der Schüler und Ignorieren von störendem Verhalten, oder Strafe für störendes Verhalten (und «Ignorieren» des richtigen Verhaltens). Wenn die Lehrer mitspielen, kann der Vl die UV *Lehrerverhalten* beliebig variieren. Er wird im Normalfall jedoch nicht in der Lage sein, die Schüler nach Zufall in Schulklassen aufzuteilen. Damit sind die mit den jeweiligen Schulklassen verbundenen Störvariablen nicht kontrollierbar.

Bei einem Quasi-Experiment ist der Schluß von der AV auf die Wirksamkeit der UV natürlich nicht in gleichem Maß möglich wie bei einem echten Experiment, weil eben UV und Störvariable(n) konfundiert sind. Es muß abgeschätzt und belegt werden, wie stark der Einfluß der nicht kontrollierten Störvariablen ist. Je geringer der (vermutliche) Einfluß der Störvariablen ist, mit desto größerer Sicherheit kann auf die Wirkung der UV geschlossen werden.
Noch einmal sei betont, daß quasi-experimentelle Versuchspläne eine wesentliche Bereicherung unseres Methodenrepertoires dort sind, wo ein echtes Experiment nicht durchgeführt werden kann – aus welchen Gründen immer.

Wenn der Vl *auch* die UV nicht unter Kontrolle hat, dann ist keine der beiden Bedingungen für ein Experiment erfüllt. Man sollte daher in solchen Fällen auch nicht von einem *Quasi-Experiment* reden. Es handelt sich ganz klar um eine Art der nicht-experimentellen Forschung.
Ein Beispiel wäre die Untersuchung der Konsequenzen der Freigabe der Abtreibung durch den Gesetzgeber. Es ist sicher eine interessante Frage-

stellung, ob - und wenn ja, wie - sich durch eine Freigabe die Zahl der Abtreibungen verändert. Der Versuchsplan wäre ähnlich wie bei einem Zeitreihenexperiment (vgl. 8.3). Der Vl kann aber die UV nicht nach seinem methodischen Belieben variieren.

Es ist nicht möglich, in diesem Kapitel die bisher entwickelten quasi-experimentellen Versuchspläne systematisch darzustellen. Sie finden eine ausführliche Auseinandersetzung mit dem Thema bei Campbell & Stanley (1963, deutsche Übersetzung: Schwarz, 1970), Cook & Campbell (1979), auch bei McGuigan (1978, 1979), Sarris (1992), speziell für den Bereich der Klinischen Psychologie Kirchner et al. (1977).
Ich werde nur Beispiele für drei Typen von quasi-experimentellen Versuchsplänen herausgreifen: für Versuchspläne mit nichtäquivalenter Kontrollgruppe (8.2.1), für Zeitreihenversuchspläne (8.2.2) und für einen Einzelfall-Versuchsplan mit Reversion (8.2.3).

8.2 Beispiele für quasi-experimentelle Versuchspläne

8.2.1 Versuchspläne mit nichtäquivalenter Kontrollgruppe

Versuchspläne mit nichtäquivalenter Kontrollgruppe sind solche, bei denen überhaupt nur eine Gruppe am Experiment teilnimmt (und daher gar keine Kontrollgruppe vorhanden ist), oder Versuchspläne mit mehreren Gruppen, die aber nicht randomisiert (und auch nicht nach allen relevanten Störvariablen parallelisiert) sind. Diese Gruppen (z.B. drei Schulklassen) unterscheiden sich daher systematisch.

Ein sehr häufig (nach Cook & Campbell, 1979) verwendeter Versuchsplan mit nichtäquivalenter Kontrollgruppe gleicht dem einfachen Zweigruppenplan mit Vorhermessung, wie wir ihn in Kapitel 4.3 besprochen haben:

nichtäquivalente Gruppe 1	AV	UV(Stufe 1)	AV
nichtäquivalente Gruppe 2	AV	UV(Stufe 2)	AV

Genauer müßten wir diesen Versuchsplan allerdings so darstellen:

nichtäquivalente Gruppe 1	AV	UV(Stufe 1) Störvariable(n) X (Stufe 1)	AV
nichtäquivalente Gruppe 2	AV	UV(Stufe 2) Störvariable(n) X (Stufe 2)	AV

In dieser zweiten Darstellung ist die Konfundierung der UV mit der Störvariablen X deutlicher. Die Störvariable(n) X stammen von der Zugehörigkeit zu den verschiedenen nichtäquivalenten Gruppen.

Ein Beispiel für eine Untersuchung mit einem solchen Versuchsplan wäre die folgende:
Eine Firma besteht aus zwei räumlich getrennten und relativ unabhängigen Zweigwerken. Die Firmenleitung möchte das betriebliche Vorschlagwesen ausbauen. Die Mitarbeiter sollen angeregt werden, Vorschläge z.B. zur Produktionssteigerung, zur Einsparung von Rohmaterial, etc. zu entwickeln. Zur Debatte steht ein gestaffeltes Prämiensystem, mit dem Vorschläge je nach Brauchbarkeit belohnt werden sollen. Der Betriebspsychologe erhält den Auftrag, empirisch zu untersuchen, ob ein derartiges Prämiensystem wirksam ist (AV). Mit dem eben besprochenen Versuchsplan könnte die Untersuchung so aussehen:

Zweigwerk 1	AV	Prämiensystem	AV
Zweigwerk 2	AV	kein Prämiensystem	AV

Angenommen, die Untersuchung zeitigt das folgende Ergebnis:
Im Zweigwerk 1 steigt nach der Einführung des Prämiensystems die Zahl der Verbesserungsvorschläge deutlich an, im Zweigwerk 2 gibt es keine interpretierbaren Unterschiede zwischen Vorher- und Nachhermessung.

Bei einem echten Experiment würden wir auf die Wirksamkeit der UV (Prämiensystem oder nicht) schließen. Da aber ein quasi-experimenteller Versuchsplan ausgeführt wurde, könnte die Wirkung der UV durch den Einfluß von Störvariablen überlagert sein. Ich will hier nicht alle überhaupt möglichen Störvariablen im Zusammenhang mit den nichtäquivalenten Gruppen diskutieren, sondern nur ein Beispiel herausgreifen:
Es wäre durchaus denkbar, daß in den beiden Zweigwerken unterschiedliche Voraussetzungen für Verbesserungsvorschläge bestehen, die aber erst im Lauf der Untersuchung (also nach der Vorhermessung) wirksam wurden. So könnte im Zweigwerk 1 kurz vor der Untersuchung der Produktionsprozeß neugestaltet worden sein (neue Produkte, neue Fertigungsmethoden, neue Maschinen). Im Zweigwerk 2 sei der Produktionsprozeß schon seit Jahren unverändert. Bei einem neuangelaufenen Produktionsprozeß können aber – nach einer Anlaufzeit – viel mehr Anregungen und Anlässe für Verbesserungsvorschläge entstehen als bei einem schon routinisierten Ablauf.

Für die Interpretation des Ergebnisses ist ausschlaggebend, inwieweit Erklärungsmöglichkeiten durch Störvariablen ausgeschlossen werden können. Dafür müssen konkrete Argumente und Belege herangezogen werden. Besonders kritisch wird die Interpretation des Ergebnisses, wenn sich die Vpn den experimentellen Gruppen selbst zuordnen. Ein Beispiel wären Klienten, die sich für eine ganz bestimmte Art der Rauchertherapie melden.

In Cook & Campbell (1979) finden Sie eine systematische Analyse der Störvariablen, die bei diesem Versuchsplan möglich sind, und auch eine Diskussion statistischer Auswertungsverfahren.

8.2.2 Zeitreihenversuchspläne

Bei einem Zeitreihenversuchsplan wird die AV zu mehreren (mehr als zwei) Zeitpunkten gemessen.
Bei dem dargestellten einfachsten Zeitreihenversuchsplan wird die UV zu einem bestimmten Zeitpunkt (zwischen den Messungen der AV) eingeführt. Die Zahl der AV-Messungen ist natürlich nicht auf sieben beschränkt.
(«AVi» ist die Messung der AV zum Zeitpunkt i)

eine Gruppe	AV1 AV2 AV3 UV AV4 AV5 AV6 AV7

Eigentlich müßte man diesen Versuchsplan so darstellen:

eine	UV	AV1 AV2 AV3	UV	AV4 AV5 AV6 AV7
Gruppe	Stufe 1		Stufe 2	

Dieser Versuchsplan kann auch mit dem Beispiel von vorher illustriert werden. Nehmen wir an, es gäbe nur ein einziges Werk (ohne Zweigwerk), und der Untersucher kann den Zeitpunkt bestimmen, zu dem das Prämiensystem eingeführt wird (z.B. mit Hilfe eines Zufallsverfahrens):

Werk XY	ohne Prämiensystem	AV1 AV2 AV3 AV4	mit Prämiensystem	AV5 AV6 AV7

Unterscheiden sich die AV-Messungen *vor* der Einführung der UV von denen *nach* der Einführung, könnte man auf die Wirksamkeit der UV schließen, sofern die Wirkung von Störvariablen ausgeschlossen werden kann.

Der Vorteil eines Zeitreihenversuchsplanes ist der, daß man mehr als zwei Zeitpunkte miteinander vergleichen kann. Damit kann eine Wirkung der UV wesentlich sicherer isoliert werden, als stünden nur zwei Meßzeitpunkte zur Verfügung.
Abbildung 13 zeigt zwei der möglichen Ergebnisse. Bei beiden ist der Unterschied zwischen der 4. und der 5. Messung der AV gleich groß.
Beim Ergebnis 2 liegt aber dieser Unterschied eindeutig innerhalb des Bereiches, in dem die AV-Werte im Lauf der Zeit schwanken. Der Unter-

Ergebnis 1

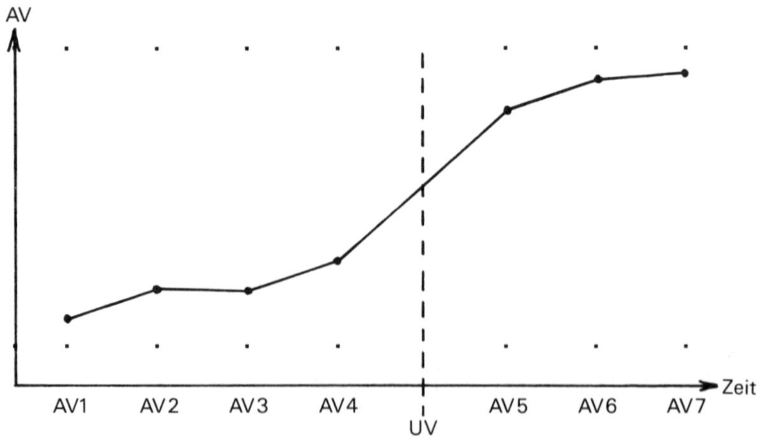

Ergebnis 2

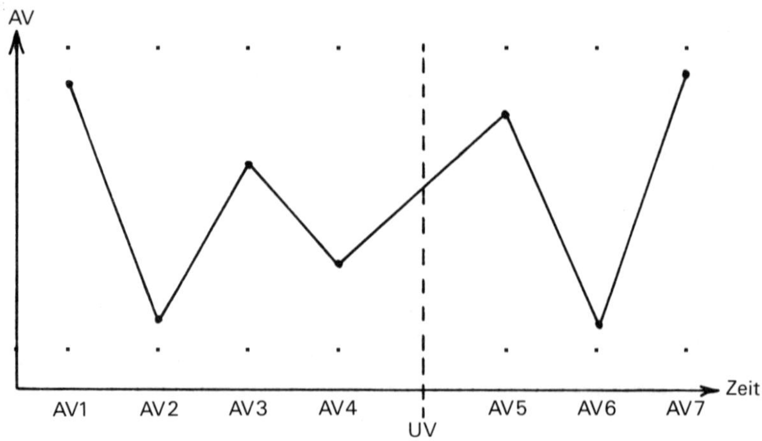

Abbildung 13: Zwei mögliche Ergebnisse (von vielen) einer Zeitreihenuntersuchung. Die interessierende UV-Stufe (z.B. das Prämiensystem) wird zwischen der 4. und der 5. Messung der AV eingeführt.

schied zwischen AV4 und AV5 ist innerhalb des Gesamtverlaufes keineswegs ungewöhnlich, daher kann man auch nicht auf eine Wirkung der UV schließen.
Anders ist die Situation bei Ergebnis 1. Hier ist zwar zwischen den Meßpunkten 1 und 4 sowie zwischen 5 und 7 ein kontinuierlicher leichter Anstieg der AV-Werte festzustellen, der Anstieg von AV4 nach AV5 ist aber deutlich größer. Daher ist ein Schluß auf die Wirkung der UV gerechtfertigt, sofern eine Erklärung des Unterschiedes durch Störvariablen ausgeschaltet werden kann.
Ein Beispiel für eine Störvariable wäre eine schon im vorigen Abschnitt erwähnte Änderung des Produktionsprozesses, die zeitlich so ungünstig eingeführt wird, daß sie zwischen den Messungen AV4 und AV5 ihren maximalen Wert erreicht. Es könnten auch Gerüchte über eine Schließung oder einen Verkauf der Firma die Betriebsangehörigen zum Nachdenken über Maßnahmen zur Produktionssteigerung, Kostensenkung, etc. anspornen.

Cook & Campbell (1979) analysieren auch systematisch die Störvariablen, die bei Zeitreihenuntersuchungen auftreten können. Sie finden in diesem Buch auch Information über die statistischen Verfahren, mit deren Hilfe entschieden werden kann, ob sich die AV- Werte nach dem Einsatz der UV von denen vorher systematisch oder nur zufällig unterscheiden.

Aber auch bei diesen quasi-experimentellen Versuchsplänen muß auf dem Hintergrund der konkreten Untersuchung argumentiert und belegt werden, daß Störvariablen keine Alternativerklärung darstellen, wenn man auf die Wirkung der UV schließen möchte.

8.2.3 Einzelfall-Versuchsplan mit Reversion

In der Klinischen Psychologie steht man oft vor dem Problem, daß man bei einer *einzelnen* Vp (= Klient) überprüfen möchte, ob eine bestimmte therapeutische Behandlung (= UV-Manipulation) den beabsichtigten Effekt hat.
Würde man lediglich nach der Behandlung die AV operationalisieren, könnte man den Effekt der Behandlung nicht vom Effekt eventueller Störvariablen trennen.
Für die Klinische Psychologie ist daher die Entwicklung von Versuchsplänen für Einzelfalluntersuchungen wichtig, die es erlauben, die Wirkung der UV von der der Störvariablen zu trennen.

Ein Beispiel für einen derartigen Versuchsplan ist der **Einzelfall-Versuchsplan mit Reversion**:

	Zeitperiode t1	Zeitperiode t2	Zeitperiode t3	Zeitperiode t4
eine	UV Stufe 1	UV Stufe 2	UV Stufe 1	UV Stufe 2
Vp	AV	AV	AV	AV

Dieser Plan wird häufig auch als *ABAB-Plan* bezeichnet, wobei *B* die therapeutische Behandlung symbolisiert, und *A* das Fehlen der therapeutischen Maßnahme.

Davidson & Neale (1979) illustrieren diesen Versuchsplan mit einer schon «klassischen» Untersuchung, in der es um die Behandlung eines psychotischen Jungen ging, der unter selbstbeschädigendem Verhalten litt (z.B. Kopf gegen Wand und Boden schlagen).
In der Zeitperiode t1 wurde registriert, wie häufig das selbstbeschädigende Verhalten (= AV) ohne therapeutische Behandlung (UV Stufe 1) war. Eine Zeitperiode dauerte jeweils mehrere Tage. In der Periode t2 wurde die therapeutische Maßnahme eingeführt. Die Therapeuten gingen täglich mit dem Jungen mehrere Stunden Hand in Hand spazieren, was für den Jungen offenbar sehr angenehm war. Wenn der Junge ein selbstbeschädigendes Verhalten ausführte, entzogen ihm die Therapeuten für drei Sekunden ihre Hände. Auch in dieser Periode wurde die AV gemessen. In der Zeitperiode t3 (Reversion) wurde die therapeutische Maßnahme abgesetzt, und in der Zeitperiode t4 wurde sie wieder eingeführt.

Tatsächlich verminderte sich das selbstbeschädigende Verhalten in Periode t2 gegenüber t1. Hier könnten aber durchaus noch Störvariablen mit im Spiel sein. In der Reversionsperiode (t3) erhöhte sich aber die Häufigkeit des selbstbeschädigenden Verhaltens wieder, um bei der neuerlichen Einführung der therapeutischen Maßnahme (t4) abermals abzusinken.
Bei diesem Ergebnis ist die Überlagerung der Wirkung der UV durch eine Störvariable zumindestens sehr unwahrscheinlich. Man kann daher mit einiger Sicherheit schließen, daß die Veränderung der UV die Ursache für die Veränderung der AV ist.

Natürlich ist ein Versuchsplan mit Reversion nicht anwendbar, wenn die Reversion nicht möglich ist, wenn also die Einführung der UV Stufe 2 eine irreversible Veränderung bewirkt.
Die Reversion bei einem leidenden Patienten wirft auch ethische Probleme auf. Hier muß meiner Meinung nach der Schaden für die Vp gegen den Nutzen des gewonnenen Wissens (z.B. Nachweis der Wirksamkeit einer therapeutischen Behandlung) aufgewogen werden (vgl. 9.2.6).

Ausführliche Information über quasi-experimentelle Versuchspläne für die Klinische Psychologie finden Sie z.B. in Kirchner et al. (1977).

Kapitel 9: Ethische Probleme

Ethische Probleme sind alle jene Probleme, die mit moralischen Normen oder Werten zu tun haben. Ethische Probleme treten sowohl bei der Anwendung des Wissens auf, aber auch bei der Forschung. Die psychologischen Fachverbände der verschiedensten Staaten haben daher Kodizes erarbeitet, in denen die ethischen Grundsätze bei der Forschung und Anwendung niedergelegt sind. Eine Zusammenstellung und einen kritischen Vergleich dieser Grundsätze finden Sie in Schuler (1980).

Beispiele für ethische Probleme bei der angewandten Psychologie betreffen z.B. folgende Fragen:

Was ist das Ziel einer therapeutischen Intervention?

Dürfen Testergebnisse im Rahmen der Personalauslese der Firmenleitung zugänglich gemacht werden?

Ist es moralisch vertretbar, im Rahmen einer Therapie Maßnahmen durchzuführen, die für den Klienten unangenehm sind (z.B. angsterregend)?

Nach welchen ethischen Richtlinien sind Gerichtsgutachten abzufassen?

Bei der wissenschaftlichen Forschung ist es sinnvoll, (mindestens) zwei Typen von ethischen Problemen zu unterscheiden: Solche, die mit den Forschungszielen allgemein zu tun haben, und solche im Zusammenhang mit einer konkreten Forschungshandlung (z.B. dem Experiment). Der Problemkreis der Forschungsziele betrifft auch die Relevanz von Forschungsprojekten. Die Relevanz spielt z.B. eine Rolle bei der Forschungsförderung. Allerdings ist das Konzept der Forschungsrelevanz nicht besonders gut geklärt, und es gibt vor allem keine Übereinstimmung darüber, wie diese Relevanz operationalisiert werden soll.

Ich werde mich in diesem Kapitel auf die ethischen Probleme bei der konkreten Forschungshandlung und speziell beim Experiment konzentrieren. Nicht, weil die anderen Bereiche nicht relevant wären, sondern weil mir diese Beschränkung von der Themenstellung dieses Buches her notwendig erscheint.

Einen breiten Überblick über ethische Probleme in Forschung und Anwendung bieten Iseler & Perrez (1976). Speziell mit den ethischen Problemen der Forschung und der konkreten Forschungshandlung setzt sich Schuler (1980) ausführlich auseinander.

Gerade in der Psychologie und auch in den anderen Sozialwissenschaften trägt der Vl eine besondere Verantwortung gegenüber den Menschen, die sich ihm für eine wissenschaftliche Untersuchung zur Verfügung stellen. Diese Verantwortung entsteht insbesondere aus der Undurchschaubarkeit der Untersuchung für die Vp.
Die Verantwortung des Vl wächst mit dem Ausmaß, in dem er die Situation kontrolliert, und mit der Macht, die er über die Vpn ausübt.

Ich werde in Abschnitt 9.1 die wichtigsten ethischen Probleme im Zusammenhang mit der konkreten Forschungshandlung zusammenfassen, und im Abschnitt 9.2 die Möglichkeiten zur Entschärfung dieser ethischen Probleme diskutieren.

9.1 Ethische Probleme bei psychologischen Untersuchungen

Ich muß mich in diesem Abschnitt auf die wichtigsten Arten von ethischen Problemen insbesondere in psychologischen Experimenten konzentrieren.

9.1.1 Schädigung der Vpn

Wenn eine Vp in einer psychologischen Untersuchung geschädigt wird (im weitesten Sinn), ist das natürlich moralisch fragwürdig.
Klare Fälle von Schädigung sind solche, bei denen die Vp schädigenden oder unangenehmen Reizen oder Situationen ausgesetzt wird. Beispiele sind: Schmerz, Angst, Hunger, Verletzungen ihrer Würde, etc.
Freilich erfordern manche Fragestellung derartige Reize oder Situationen. Wenn untersucht werden soll, ob Schmerz durch Autogenes Training kontrolliert werden kann, ist es unvermeidlich, der Vp aktiv Schmerz zuzufügen oder wenigstens passiv zuzulassen, daß sie Schmerz erleidet.
Eine Vp *kann* auch dadurch geschädigt werden (z.B. in ihrem Selbstwertgefühl), daß sie in einer Untersuchung eine Aufgabe nicht lösen kann. Selbst dadurch, daß man einen Menschen nicht an einer Untersuchung teilnehmen läßt (z.B. weil er wegen seiner Testergebnisse in keine der experimentellen Gruppen paßt, oder weil ein Kind nicht zu der Altersgruppe gehört, die den Forscher interessiert, etc.), kann man ihn schädigen, weil er sich beispielsweise zurückgesetzt fühlt.
Am Rande sei vermerkt, daß man eine Vp auch durch Inaktivität schädigen kann, z.B. wenn ein Beobachter im Rahmen einer Feldstudie zum Drogenkonsum passiv und ohne einzugreifen beobachtet, wie ein vierzehnjähriges Kind zu harten Drogen greift.
Inwieweit durch eine psychologische Untersuchung tatsächlich bleibende Schäden verursacht werden, ist lediglich in Einzelfällen empirisch untersucht (vgl. Schuler, 1980).

9.1.2 Täuschung

Wir haben schon öfter gesehen, daß es notwenig ist, die Vp zu täuschen. So erfährt die Vp z.B. in einem Doppelblindversuch nicht, daß sie keine wirksame Substanz erhalten hat, sondern ein Placebo, sie wird über das Ziel der Untersuchung falsch informiert, eine scheinbare Mit-Vp ist in Wirklichkeit ein Mitarbeiter des Vl, usw.

Antrobus, Singer & Greenberg (1966) führten beispielsweise ein Experiment zum Tagträumen durch, bei dem es um die Frage ging, inwieweit sich Tagträume mit der Antizipation und Planung von zukünftigen Ereignissen auseinandersetzen. Eine Gruppe von Vpn – alle junge männliche Studenten – erhielt Informationen, welche die Zukunft dieser Studenten sehr weitreichend beeinflußt hätte. Die Vp wartete in einem Warteraum auf ihre Teilnahme an der Untersuchung. Während sie wartete, konnte sie «zufällig» ein Regierungsbulletin aus einem laufenden Radio mithören. Darin wurde verlautbart, daß wegen der kritischen Situation im Vietnamkrieg alle jungen Männer ab 18 Jahren zum Militärdienst eingezogen würden, auch die Studenten. Die Meldung war von den Vln fingiert, die Studenten hielten sie aber – das Experiment wurde 1965 durchgeführt – für wahr. Die Vpn wurden erst nach dem Experiment über den wahren Sachverhalt aufgeklärt.

Täuschung der Vpn kommt auch in der nicht-experimentellen Forschung vor. Ein Beispiel ist die teilnehmende nichtwissentliche Beobachtung. Dabei wissen die beobachteten Mitglieder einer Gruppe (z.B. Zelleninsassen in einer Strafanstalt) nicht, daß sie beobachtet werden, und der Beobachter tarnt sich als «gewöhnliches» Mitglied der Gruppe.
Bei Meinungsumfragen wird den Vpn gelegentlich vorgetäuscht, die Umfrage werde im Auftrage einer bestimmten Organisation durchgeführt. Diese Organisation ist aber frei erfunden. Damit will man reaktive Effekte vermeiden oder testen.

9.1.3 Manipulation von Vpn-Eigenschaften

In manchen Experimenten oder auch nicht-experimentellen Untersuchungen werden Eigenschaften von Vpn verändert. So wird z.B. durch eine bestimmte experimentelle Bedingung (Vorführung eines Filmes über die Schwierigkeiten von Gastarbeitern, Information über die Lebenweise von Gastarbeitern, etc.) erreicht, daß die Vpn nach dem Experiment eine positivere Einstellung gegenüber Gastarbeitern haben als vorher. Die Frage ist, woher der Vl das Recht nimmt, die Einstellungen seiner Mitmenschen zu manipulieren. Die ethische Fragwürdigkeit einer solchen Manipulation wird sofort klar, wenn man in dem obigen Beispielsexperiment die experimentelle Bedingung so gestaltet, daß die Vpn nach dem Experiment eine negativere Einstellung zu Gastarbeitern haben.
Generell tritt dieses Problem überall dort auf, wo ein Psychologe sein fachliches Wissen einsetzt, um das Verhalten oder Einstellungen, etc., eines Menschen zu verändern, *ohne* daß dieser Mensch dazu ausdrücklich seine Zustimmung erteilt hat.

9.1.4 Unfreiwillige Teilnahme

Gerade in der nicht-experimentellen Forschung werden durchaus Menschen untersucht, ohne daß diese um ihr Einverständnis gefragt wurden. Beispiele sind Untersuchungen im Strassenverkehr, oder auch Untersuchungen zur Konsumentenforschung (wird das Produkt in der Verpackung X häufiger gekauft als in der Verpackung Y?).
Für Experimente bildet gelegentlich die erzwungene Teilnahme ein Problem. Als Beispiel wurde schon in Kapitel 8 erwähnt, daß Psychologiestudenten in verschiedenen Instituten an Experimenten als Vp teilnehmen müssen, wenn sie zu Schlußprüfungen antreten wollen. Bei manchen Vpn ist die Freiwilligkeit der Teilnahme deswegen problematisch, weil die Entscheidungsfähigkeit dieser Vpn - z.B. bei Säuglingen, Kleinkindern oder debilen Personen - fehlt oder eingeschränkt ist.

9.1.5 Verletzungen der Vertraulichkeit / des Datenschutzes

Auch dieses ethische Problem betrifft keineswegs das Experiment alleine, sondern alle Formen der Forschung und natürlich auch die angewandte Psychologie.
Die Anonymität der Vp bei der weiteren Verarbeitung der Daten und natürlich bei der Publikation muß unbedingt gewährleistet sein. Verletzungen dieses Prinzipes können den Forscher auch mit den jeweiligen Gesetzen zum Datenschutz in Konflikt bringen. Der Forscher muß auch dafür Sorge tragen, daß die Identität der Vp nicht z.B. erschlossen werden kann.
Ausführliche Information zum Thema *Datenschutz* finden Sie in Lecher (1988).

9.2 Entschärfung und/oder Lösung von ethischen Problemen

9.2.1 Beseitigung des ethischen Problems

Die radikalste Entschärfung eines ethischen Problems erreicht man dadurch, daß man es beseitigt, indem man die Untersuchung entsprechend abändert.
Dies ist in manchen Fällen einfach: Den Bericht über ein Experiment kann man eben so abfassen, daß die Identität der Vpn nicht erschlossen werden kann.
In anderen Fällen kann das Problem zwar beseitigt werden, aber nur mit einem höheren Aufwand der Untersuchung. Man würde also z.B. nicht ohne Wissen der Betroffenen beobachten, sondern sie über die Anwesenheit und Identität des Beobachters informieren, und ihre Zustim-

mung erbitten. Man braucht dann aber eine (mehr oder weniger lange) Aufwärmphase, in der sich die Vpn an die Beobachtung gewöhnen, bis sie wieder ein unverzerrtes Verhalten zeigen, oder muß andere methodische Maßnahmen treffen, um reaktive Effekte zu vermeiden, vgl. dazu z.B. Ischi (1978).
Freilich ist diese Lösung des Problems nicht immer möglich, ohne das Ziel der Untersuchung aufzugeben. Wenn ein Placeboeffekt erforscht werden soll, dann ist es eben ein sachlich unverzichtbarer Bestandteil der Untersuchung, daß die Vp über die Natur des Placebos getäuscht wird. Daher sind weitere Maßnahmen zur Entschärfung von ethischen Problemen nötig.

9.2.2 Informierte Einwilligung und Teilnahme

Die Vp muß vorher über alle möglichen negativen Aspekte informiert werden. Sie kann dann selbst entscheiden, ob sie am Experiment teilnehmen will oder nicht. Wenn sie ablehnt, darf das für sie nicht nachteilig sein.
Der Vp muß aber auch die Möglichkeit gegeben werden, die Untersuchung jederzeit (ohne nachteilige Folgen) abzubrechen, z.B. wenn ihr die Schmerzreize doch zu unangenehm sind.

Ein gewisses Problem bildet oft die Frage, was mögliche negative Aspekte sind. Bei einem Experiment zur Psychologie des Schmerzes ist es klar. Bei einem Experiment zum Problemlösen aber ist die Situation nicht so eindeutig. Natürlich ist es möglich, daß eine besonders sensible Vp eine nachhaltige negative Veränderung ihres Selbstbildes erleidet, wenn sie ein gestelltes Problem nicht lösen kann. Wenn aber die leise Möglichkeit einer negativen Auswirkung schon genügt, bleiben dann noch moralisch einwandfreie Untersuchungen übrig?
Meiner persönlichen Meinung nach genügt es, sich auf die tatsächlich zu erwartenden negativen Aspekte zu konzentrieren.
Die Vp kann allerdings nicht immer über alle negativen Aspekte informiert werden, ohne daß das Ziel des Experimentes in Frage gestellt wird. Wenn es notwenig ist, die Vp zu täuschen, schließt sich eine vorherige Informierung der Vp von selbst aus.

9.2.3 Nachträgliche Aufklärung

Wenn die Vp nicht vorher über die moralisch fragwürdigen Details informiert werden kann, dann muß sie nach allgemeiner Auffassung wenigstens *nachträglich* darüber informiert werden. Sie muß damit auch die Möglichkeit erhalten, ihre Einwilligung nachträglich zu widerrufen (und z.B. ihre Daten löschen zu lassen).

Die nachträgliche Aufklärung bietet mehrere Vorteile:

(1) Sie erlaubt eine methodische Kontrolle, ob die Täuschung überhaupt geglückt ist.

(2) Man ist als Forscher gezwungen, sich zu rechtfertigen. Das heißt aber auch, daß man in der Lage sein muß, gute Gründe für die Notwendigkeit z. B. der Täuschung vorzubringen.

(3) Wenn die Vp sich mit der nachträglichen Aufklärung zufrieden gibt und die Gründe akzeptiert, erlangt man als Vl so die Absolution der Betroffenen.

9.2.4 Expliziter Verzicht der Vp auf Rechte

Die Vp kann ausdrücklich auf einen Teil ihrer Rechte vorübergehend verzichten. So kann die Vp z.B. auf das Recht verzichten, vorher über Ziel und Details der Untersuchung informiert zu werden, und sich damit einverstanden erklären, erst nachträglich alle gewünschten Auskünfte zu erhalten. Wenn eine Vp wissentlich negative Aspekte auf sich nimmt, gibt sie ebenfalls vorübergehend ihr Recht auf, vom Vl so behandelt zu werden, daß sie nicht geschädigt wird. Auch im Alltag verzichten wir ja gelegentlich und vorübergehend auf Teile unserer Rechte. So erlauben wir z.B. dem Zahnarzt unter bestimmten Bedingungen, uns Schmerzen zuzufügen.

Daß die Vp auf ihre Rechte teilweise verzichtet, setzt natürlich ein gewisses Vertrauen zum Vl voraus, daß er ihren Verzicht nicht mißbraucht.

9.2.5 Aufwiegen der negativen Aspekte pro Vp

Die negativen Seiten eines Experimentes können durch positive Aspekte für jede einzelne Vp aufgewogen werden. Dies ist eine gängige Maßnahme, um Vpn zur Teilnahme an Untersuchungen mit negativen Konsequenzen zu gewinnen.

So erhalten z.B. Vpn bei Untersuchungen mit Schmerzreizen eine finanzielle (oder andere) Belohnung, die insgesamt für jede Vp den Nutzen des Experimentes höher macht als die Kosten. Freilich *können* durch die Einführung einer Belohnung neue ethische Probleme auftreten. Ein Beispiel ist das Problem der Ausbeutung: Wenn für die Teilnahme an einem Schmerzexperiment eine substantielle finanzielle Belohnung angeboten wird, ist der Anreiz, Schmerz auf sich zu nehmen, für Personen mit niedrigem Einkommen natürlich größer als für finanziell gut situierte.

Wir haben bereits im Kapitel 7.2.2 über die Motivation von Vpn für die Teilnahme an Experimenten gesprochen. Demnach kann man vermuten, daß es letztlich bei jedem Experiment für die Vp um ein Abwägen der

Kosten (z.B. Zeitaufwand, Streß) und des Nutzens (z.B. Befriedigung der Neugier, Leistung eines Beitrages für die Wissenschaft) geht.

9.2.6 Kosten-Nutzen-«Rechnung»

Hier werden die Kosten (Verletzung von ethischen Prinzipien) einer Untersuchung deren Nutzen (Wissenszuwachs) gegenübergestellt. Eine Untersuchung ist dann gerechtfertigt, wenn ihr erwarteter Nutzen den Schaden durch Verletzung ethischer Prinzipien deutlich überwiegt. Dies kann allerdings *nur unter der Voraussetzung* gelten, daß bestimmte Grenzen nicht überschritten werden und Grundrechte, Grundfreiheiten, etc. nicht verletzt werden.
So wäre es moralisch akzeptabel, einer kleinen Zahl von informierten Freiwilligen erträgliche Schmerzen zuzufügen, wenn damit eine Maßnahme zur Schmerzbekämpfung erprobt werden kann, die einer großen Zahl von leidenden Menschen zugute kommt.
Ich *vermute*, daß so ziemlich jeder Forscher, der mit ethischen Problemen kämpft, solche Überlegungen anstellt.
Im Unterschied zum Aufwiegen der negativen Aspekte pro Vp gilt die Kosten-Nutzen-Rechnung nicht für die gleiche Personengruppe. Den Schaden haben die Vpn, den Nutzen haben andere Menschen.
Ich persönlich halte eine derartige Kosten-Nutzen-Rechnung nicht nur für vertretbar, sondern sogar für notwendig.
Allerdings gibt es mehrere ungelöste Probleme:

(1) Es ist außerordentlich schwierig, den konkreten Nutzen einer wissenschaftlichen Untersuchung zu bestimmen. Dazu sind (u.a.) auch Prognosen in die Zukunft notwendig, die mit großer Unsicherheit behaftet sind. Dies trifft insbesondere für die Grundlagenforschung zu.

(2) Unklar ist auch, wie die Kosten bestimmt werden sollen.

(3) Ergebnisse von Untersuchungen, die für ein als positiv akzeptiertes Ziel gemacht wurden, können auch für negative Ziele eingesetzt werden. Eine Untersuchung, die Informationen darüber liefert, wie die Zivilcourage erhöht werden kann, liefert gleichzeitig auch Information darüber, wie Zivilcourage vermindert werden kann.

(4) Ungelöst ist auch die Frage, *wer* die Kosten und den Nutzen abwägen soll. Der Forscher selbst ist Partei, und so zwangsläufig voreingenommen. Andere Personen (auch Fachkollegen) verfügen aber vielleicht nicht über das erforderliche Detailwissen.

* * *

In diesem Abschlußkapitel wollte ich einige wichtige ethische Probleme im Zusammenhang mit wissenschaftlichen Untersuchungen aufzeigen,

und einige der Möglichkeiten zu ihrer Lösung kurz diskutieren. Wie Sie gesehen haben, gibt es keine Patentlösung, die uns das Nachdenken über derartige Probleme abnimmt.
Es ist daher erfreulich, daß den ethischen Probleme unseres Faches in der Gegenwart vermehrt Aufmerksamkeit geschenkt wird. Meiner Meinung nach werden wir aber einer Lösung nur näherkommen, wenn wir mit den Fachleuten für Ethik und Moral - eben den Ethikern - zusammenarbeiten.

Literatur

Aebli, H.: Denken: das Ordnen des Tuns. Band 2: Denkprozesse, Stuttgart: Klett-Cotta 1981.

Amelang, M. & Bartussek, D.: Differentielle Psychologie und Persönlichkeitsforschung, 3. Aufl., Stuttgart: Kohlhammer, 1990.

American Psychological Association (APA): Publication manual, Fourth edition, Washington: American Psychological Association, 1994.

Antrobus, J.S., Singer, J.L. & Greenberg, S.: Studies in the stream of consciousness: Experimental enhancement and suppression of spontaneous cognitive processes. Perceptual and Motor Skills 23, 1966, 399–417.

Atteslander, P.: Methoden der empirischen Sozialforschung. Berlin: de Gruyter (Sammlung Göschen), 1971.

Beringer, J.: ERTS: Experimentelles Run Time System. Frankfurt: Berisoft Cooperation, 1993.

Bortz, J.: Lehrbuch der empirischen Forschung für Sozialwissenschaftler. Berlin: Springer, 1984.

Bortz, J.: Statistik für Sozialwissenschaftler. 4. Auflage. Berlin: Springer, 1993.

Brackwede, D.: Das Bogus-Pipeline-Paradigma: Eine Übersicht über bisherige experimentelle Ergebnisse, Zeitschrift für Sozialpsychologie 11, 1980, 50–59.

Campbell, N. & Stanley, J.C.: Experimental and quasi-experimental designs for research on teaching. In: Gage, N.L. (Ed.): Handbook of research on teaching. Chicago: Rand McNally, 1966.

Cattell, R.B. (Ed.): Handbook of multivariate experimental psychology. Chicago: Rand McNally, 1966.

Chase, W.G. & Simon, H.A.: Perception in chess. Cognitive Psychology 4, 1973, 55–81.

Cook, T.D. & Campbell, D.T.: Quasi-experimentation. Boston: Houghton Mifflin, 1979.

Cook, T.D. & Shadish, W.R.: Social experiments: Some of developments over the past fifteen years. Annual Review of Psychology 45, 1994, 545–580.

Davidson, G.G. & Neale, J.M.: Klinische Psychologie, München: Urban & Schwarzenberg, 1979.

Dawes, R.M.: Social dilemmas. Annual Review of Psychology 31, 1980, 169–193.

Dempster, F.N.: Memory span: Sources of individual and developmental differences. Psychological Bulletin 89, 1981, 63–100.

Deutsche Gesellschaft für Psychologie (DGfPs): Richtlinien zur Manuskriptgestaltung. Göttingen: Hogrefe, 1987.

Ekman, P.: Zur kulturellen Universalität des emotionalen Gesichtsausdrucks. In: Scherer, K.R. & Wallbott, H.G. (Hrsg.): Nonverbale Kommunikation: Forschungsberichte zum Interaktionsverhalten. Weinheim: Beltz, 1979, 50–59.

Ericson, K.A. & Simon, H.A.: Protocol analysis. Verbal reports as data. Cambridge: The MIT Press, 1984.

Franke, H.: Das Lösen von Problemen in Gruppen. München: Goldman, 1975.

Frensch, P.A. & Funke, J. (Eds.): Complex problem solving: The European perspective. Hillsdale, N.J.: Erlbaum, 1995.

Gachowetz, H.: Feldforschung. In: Roth (1993), 245–266.

Gigerenzer, G.: Messung und Modellbildung in der Psychologie, München: Ernst Reinhardt (UTB), 1981.

Gniech, G.: Störeffekte in psychologischen Experimenten. Stuttgart: Kohlhammer, 1976.

Groner, R.: Hypothesen im Denkprozeß. Bern: Hans Huber, 1978.

Hänsgen, K.D. & Merten, C.H.: Hogrefe Testsystem: Konzept, Grundlagen und Anwendung. 2. Auflage. Göttingen: Hogrefe: 1995.

Hager, W. & Spies, K.: Versuchsdurchführung und Versuchsbericht. Göttingen: Hogrefe, 1991.

Hager, W. & Westermann, R.: Planung und Auswertung von Experimenten. In: Bredenkamp, J. & Feger, H. (Hrsg.): Hypothesenprüfung. Göttingen: Hogrefe, 1983, 24–238.

Hartmann, H.: Stichproben. In: Roth (1993), 204–225.
Hildum, D.C. & Brown, R.W.: Verbal reinforcement and interviewer bias. Journal of Abnormal and Social Psychology 53, 1956, 108–111.
Holzkamp, K.: Kritische Psychologie, Frankfurt: Fischer, 1972.
Höge, H.: Schriftliche Arbeiten im Studium. Stuttgart: Kohlhammer, 1994.
Höping, J.A.J.: Chiromantia Harmonica. Jena: 1689. Nachdruck: Lindau: Antiqua-Verlag, 1979.
Irtel, H.: Experimentalpsychologisches Praktikum. Berlin: Springer, 1993.
Ischi, N.: Die Erhebung interaktiven Eltern-Kind-Verhaltens durch systematische Beobachtung. In: Schneewind, K.A. & Lukesch, H. (Hrsg.): Familiäre Sozialisation: Probleme, Ergebnisse, Perspektiven. Stuttgart: Klett, 1978, 44–62.
Iseler, A. & Perrez, M. (Hrsg.): Relevanz in der Psychologie. München: Ernst Reinhardt (UTB), 1976.
Kahnemann, D., Slovic, P. & Tversky, A.: Judgement under uncertainty: Heuristics and biases. Cambridge: Cambridge University Press, 1982.
Kaplan, A.: The conduct of inquiry: Methodology for behavioral science. San Francisco: Chandler, 1964.
Kirchner, F.T., Kissel, E., Petermann, F. & Böttger, P.: Externe und interne Validität von empirischen Untersuchungen in der Psychotherapieforschung. In: Petermann, F. (Hrsg.): Psychotherapieforschung. Weinheim: Beltz, 1977.
Kirk, R.E.: Experimental design. Procedures for the behavioral sciences. Belmont, Calif.: Brooks/Cole, 1968.
Kleiter, G.D.: Vorhersage, Test und Induktion. In: Roth (1993), 585–606.
Krantz, D.H., Luce, R.D., Suppes, P. & Tversky, A.: Foundations of measurement. Vol. 1. New York: Academic Press, 1971.
Lecher, T.: Datenschutz und psychologische Forschung. Göttingen: Hogrefe, 1988.
Leder, H. & Theiler, L.: MATCHING 1.2, Instruction Manual. Fribourg: Psychologisches Institut, 1995.
McGuigan, F.J.: Experimental psychology. A methodological approach. 3rd Ed. Englewood Cliffs, N.J.: Prentice-Hall, 1978. Deutsch: Einführung in die experimentelle Psychologie. Frankfurt: Fachbuchhandlung für Psychologie, 1979.
McKeithen, K.B., Reitman, J.S., Rueter, H.H. & Hirtle, S.C.: Knowledge organization and skill differences in computer programmers. Cognitive Psychology 13, 1981, 307–325.
Motley, T., Baars, B.J. & Camden, C.T.: Experimental verbal slip studies: A review and an editing model of language encoding. Communication Monographs 50, 1983, 79–101.
Orne, M.T. & Scheibe, K.E.: The contribution of non-deprivation factors on the production of sensory deprivation effects: The psychology of the panic button. Journal of Abnormal and Social Psychology 68, 1964, 3–12.
Patry, J.-L. (Hrsg.): Laborforschung/Feldforschung. Bern: Huber 1981.
Rosenthal, R.: Experimenter effects in behavioral research. New York: Irvington, 1976.
Roth, E. (Hrsg.): Sozialwissenschaftliche Methoden, 3. Auflage. München: Oldenbourg, 1993.
Sarris, V.: Methodologische Grundlagen der Experimentalpsychologie. Bd. 2. München: Reinhardt, 1992.
Scherer, K.R. & Ekman, P. (Eds.). Handbook of methods in nonverbal behavior research. Cambridge: Cambridge University Press, 1982.
Schuler, H.: Ethische Probleme psychologischer Forschung. Göttingen: Hogrefe, 1980.
Schulz, T., Muthig, K.-P. & Koeppler, K.: Theorie, Experiment und Versuchsplan in der Psychologie. Stuttgart: Kohlhammer, 1981.
Secord, P.F., Dukes, W.F. & Bevan, W.: Personalities in faces 1: An experiment in social perceiving. Genetic Psychology Monographs 49, 1959, 231–279.
Speck, J. (Hrsg.): Handbuch wissenschaftstheoretischer Begriffe. Bde 1–3. Göttingen: Vandenhoeck & Ruprecht (UTB), 1980.
Superlab, User's Guide (Vers. 1.4). O.O.: Cedrus Corporation, 1994.
Thommen, B.: Alltagspsychologie von Lehrern über verhaltensauffällige Schüler. Bern: Hans Huber, 1985.

Timaeus, E.: Experiment und Psychologie. Göttingen: Hogrefe, 1974.
Tunnel, G.B.: Three dimensions of naturalness: An expanded definition of field research. Psychological Bulletin 84, 1977, 426–437.
Wiches, T.A.: Examiner influence in a testing situation. Journal of Consulting Psychology 20, 1956, 23–26.

Autorenregister

Sachregister

Fett gedruckt sind Seiten, auf denen ein Begriff definiert wird.